全国スイッチバック＆ループ線紀行

日本全国
「鈍足列車」
を楽しむ

日本の鉄道はいたる所に「山越え」があって、列車はゆっくりと坂道を辿る。サミットにあるトンネルの先で風景ががらりと変わることもしばしばだ。遠い昔に開通した路線を走る鉄道の旅には、そんな謎めいた出会いがある。そして、深い山道に現れるスイッチバックとループ線は、鉄道の旅を彩ってくれる素敵な小道具だ。スイッチバックとループ線を訪ねる旅に出よう。そこで、鉄道のいちばん鉄道らしい風景に出会うことができる。

肥薩線大畑駅。九州を代表する山岳線の核心部にある駅。列車はスイッチバックとループ線を走り、時間をかけて山を越える。＊

箱根登山鉄道上大平台信号場。3回連続するスイッチバックの上段。急こう配が続く線路の周囲に静かな温泉場が広がる。＊

箱根登山鉄道では信号場にも駅名標が建ち、乗客に海抜標高などの情報を伝えている。観光客が多い路線ならではの楽しい趣向だ。＊

岩手石橋駅。駅と鉱石の積込み設備がコンパクトにまとめられている。鉄道模型の世界を眺めるような情景が広がっている。☆

豊肥本線立野駅。阿蘇の外輪山を越えるために、３段式のスイッチバックが備えられている。
ここでは全列車がスイッチバックを通過する。☆

土讃線坪尻駅。四国の脊梁を越える山間にあるスイッチバック駅。１日に数本の列車のエンジン音が、静寂を破る。☆

石北本線遠軽駅。旧名寄本線方向はかつて分岐点だった時代の面影が残る。☆

一畑電車―畑口駅。昔この駅は分岐駅だった。路線の廃止によって、平地の中にスイッチバック構造の駅が残った。☆

Ω（オメガ）状のループ線がある釜石線陸中大橋駅。蒸機けん引の列車が上りこう配を辿る。☆

深い山奥に拓かれた「川奥ループ」。ループ線の全貌を見ることはできないが、一瞬だけ車窓に眼下の線路が現れる場所がある（写真は2枚合成）。☆

列車に揺られながら窓の外を眺め、物思いに耽り、あるいは持参した本に目を通す。そんな鉄道の旅は、心を開放する旅だ。忙しい日々から逃れ、訪ねたかった場所に向かおう。列車が突然行ったり来たりするスイッチバックは楽しい。列車がぐるりと円を描きながら坂道を上り下りするループ線は楽しい。急ぐ旅ではないはず。どこか懐かしい鉄道の情景を、しっかりと心に刻もう。鉄道の旅の楽しさは、寄り道をする楽しさでもあるのだから。

撮影：＊＝池口英司、☆＝本村忠之

おとなの
鉄学
008

全国スイッチバック＆ループ線データブック

池口英司

天夢人 Temjin

はじめに

　この書籍は、日本の鉄道に存在したスイッチバックとループ線を一堂に会させてみた。

　どちらの設備も、基本的な役割は線路のこう配緩和にある。蒸気機関車が鉄道の主力であった時代、通過するのに困難が伴ったのが上りこう配で、水を沸かして発生した蒸気でピストンを動かすという原始的なシステムの蒸気機関車は、生み出すパワーにも限りがあり、貯めた蒸気を上手く使わないとたちまちのうちに失速する。こう配区間の途中に線路が平らになる場所があると、機関助士はそこで必死にボイラーに石炭を投げ込んだというが、技量の高い乗務員をもってしても、できることには限界があった。

　十分なパワーが得られないという点は、黎明期の電気機関車も同様で、これを救うべく、日本の鉄道の山間部には、ループ線やスイッチバックが幾つも造られた。どちらの施設も、これがなければ列車が山を越えることができないという、いわば最後の手段として造られた施設だから、これを見つけたなら、そこは鉄道が越えうる限界点と考えて、概ね間違いはない。スイッチバックには地形の関係で、列車を折り返すために（たとえそこが平らな場所であっても）設けられるケースや、ループ線には、そこをぐるりと回ることで列車の向きを変えるために造られるケースもあるが、いずれにしても、存在が稀な、鉄道旅行の楽しい句読点になる施設である。

　もちろん、急な坂道を避けるために、線路を迂回させるという方法もあるが、迂回のために走行距離が長くなってしまえば、列車の所要時間が大きなものとなってしまい、迂回の意味が希薄になる。どこを落としどころとするかがエンジニアの腕の見せ所ということになるが、明治から大正にかけての日本の鉄道は、まず国が結ぶべき2点、あるいは経由地までを決めてしまうことが常だったから、迂回のしようがないケースも出てくる。加えて大正初期までの日本は、鉄道建設のための土木技術が未熟で、1kmを超える長大なトンネルを掘削する

ことができなかった。国が定めたルートに従えば、どこかで山越えをせざるを得ず、しかし、国境にそびえる山岳地帯を越えるために長いトンネルを掘ることはできない。今日はどのような山でさえ、10kmを超える長さのトンネルを掘って、2点間を直線的に結ぶことができるから、かつてのような選択の苦しみは少なく、所要時間の短縮も、工事の見込みさえ立ってしまえば、容易である。現代の鉄道が、高速バスなどに後れを取っているのは、バスが採る道は長いトンネルを駆使した直線的なルートだが、遠い昔に造られた鉄道は、カーブを繰り返して、時間をかけて山を越えているという点によるところが大きいようだから皮肉な話だが、鉄道旅行では、スイッチバック、ループ線を見つけたならば、先人の鉄道建設に賭けた情熱に思いを馳せてみたい。

　本書ではそのスイッチバックとループ線について、現存するものばかりでなく、過去に存在しながら、その後廃止になったものも採り上げて並べてみた。特にループ線については、規模が小さく、わずかな期間の使用で姿を消した施設もあるに違いなく、全網羅には至っていないだろうことは、最初にお断りしておく。また、配線図については、可能な限り知りえた新しい情報に準拠して作成しているが、線路配置は随時変更されるもので、本書のものと現在のものが、仔細な点で異なっている可能性があることもご承知おき頂きたい。

　それでも、日本にはこれだけの施設があったということを再確認しておけば、次に鉄道の旅に出るときに、興味の持ち方が違ってくるはずである。それを繰り返して、少しずつ知識を深めてゆくことに、鉄道趣味のだいご味がある。

池口英司

全国スイッチバック&ループ線データブック
索引マップ

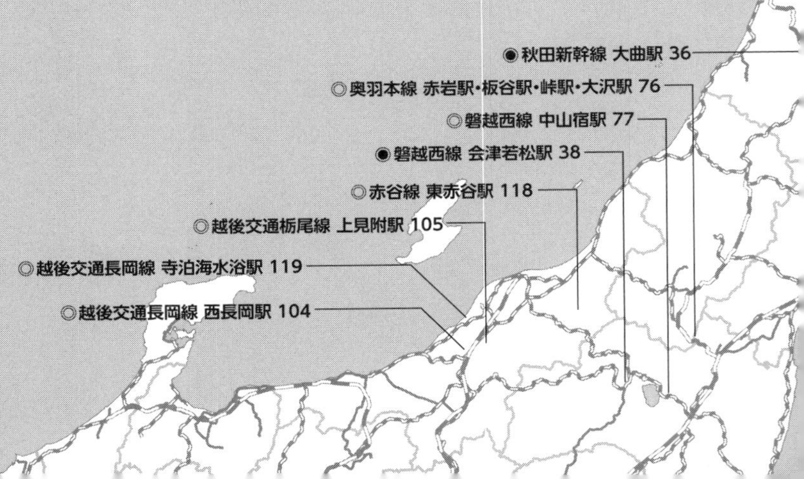

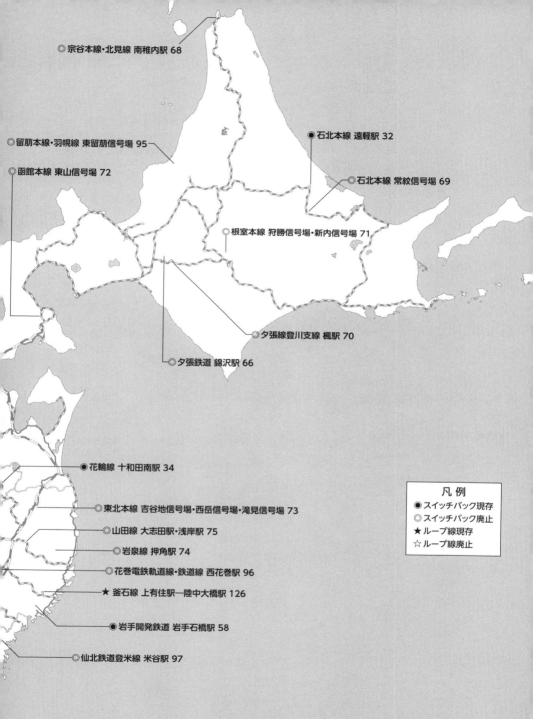

◎ 宗谷本線・北見線 南稚内駅 68

● 石北本線 遠軽駅 32

◎ 留萌本線・羽幌線 東留萌信号場 95

◎ 函館本線 東山信号場 72

◎ 石北本線 常紋信号場 69

◎ 根室本線 狩勝信号場・新内信号場 71

◎ 夕張線登川支線 楓駅 70

◎ 夕張鉄道 錦沢駅 66

● 花輪線 十和田南駅 34

◎ 東北本線 吉谷地信号場・西岳信号場・滝見信号場 73

◎ 山田線 大志田駅・浅岸駅 75

◎ 岩泉線 押角駅 74

◎ 花巻電鉄軌道線・鉄道線 西花巻駅 96

★ 釜石線 上有住駅—陸中大橋駅 126

● 岩手開発鉄道 岩手石橋駅 58

◎ 仙北鉄道登米線 米谷駅 97

凡 例
● スイッチバック現存
◎ スイッチバック廃止
★ ループ線現存
☆ ループ線廃止

◉ 名鉄広見線 新可児駅 52

◎ 北陸本線 新保駅・大桐駅・葉原信号場・山中信号場 88
★ 北陸本線 敦賀駅→新疋田駅 132
◉ 山陰本線 滝山信号場 27
◎ 播電鉄道 播電龍野駅 112
◉ 一畑電車北松江線 一畑口駅 54
◉ 木次線 出雲坂根駅 18
◉ 尾道鉄道 諸原駅 113

★ 土佐くろしお鉄道中村線 若井駅—川奥信号場—荷稲駅 134
◎ 日田彦山線 呼野駅 92
◎ 筑肥線 東唐津駅 114
◉ 松浦鉄道西九州線 伊万里駅 56
◉ 佐世保線 早岐駅 57
◎ 長崎本線 本川内駅 93

◎ 熊本電気鉄道藤崎線 藤崎宮前駅 115
☆ 山野線 久木野駅—薩摩布計駅 144
◉ 肥薩線 大畑駅・真幸駅 22
◎ 宮之城線 薩摩永野駅 116
◉ 豊肥本線 立野駅 20
◉ 土讃線 坪尻駅 30
◉ 土讃線 新改駅 31
★ 神戸新交通ポートアイランド線
中公園駅—みなとじま駅—市民広場駅—中埠頭駅—中公園駅 1
◎ 和歌山線 北宇智駅 91
◉ 大隅線 鹿屋駅 117
★ 肥薩線 人吉駅—大畑駅—矢岳駅 136
◎ 京阪京津線 浜大津駅 111
◎ 鹿児島交通枕崎線 上日置駅 94

6

☆立山黒部貫光トンネルトロリーバス 152
◉富山地方鉄道本線 上市駅 50
◉中央本線 塩尻駅 49

◉黒部峡谷鉄道本線 鐘釣駅 28
◎篠ノ井線 潮沢信号場・羽尾信号場 81
◉篠ノ井線 姨捨駅・桑ノ原信号場 24
◎上田丸子電鉄丸子線 電鉄大屋駅 101
◉えちごトキめき鉄道妙高はねうまライン 二本木駅 26
◎長野電気鉄道長野線 湯田中駅 120
◎草軽電気鉄道 万座温泉口駅 80
◉草軽電気鉄道 二度上駅・東三原駅 67
◎東武伊香保軌道線
　元宿駅・六本松駅・大日向診療所前駅・水沢駅 79
★上越線 越後中里駅→土樽駅・
　土合駅・湯檜曽駅 128
◎信越本線
　松井田駅・熊ノ平駅・御代田駅・関山駅 82
★埼玉新都市交通伊奈線 大宮駅 142

☆立山黒部貫光トンネルトロリーバス 152

◎名鉄尾西線 木曽川港駅 121
◎西濃鉄道昼飯線 美濃大久保駅 108
◎福井鉄道南越線 岡本新駅 109
◎北陸本線 刀根駅 87

◎東海道本線 膳所駅 110

☆京都市電
　京都駅前電停 149
☆阪急箕面線
　箕面駅 151

☆足尾線 間藤駅 78

★山万ユーカリが丘線
　公園駅→中学校駅→公園駅 138

◉東武野田線 柏駅 40

☆東京都電青山線
　宮益坂上→渋谷駅前間 150

◎外房線 大網駅 98

◎外房線・内房線 千葉駅 99

★ゆりかもめ東京臨海新交通臨海線
　芝浦ふ頭駅→お台場海浜公園駅 130

☆京浜電気鉄道大森支線 大森停車場前駅 14◉
☆京急大師線 大師駅 147
☆京急穴守線 穴守駅 148

◎東海道本線 横浜駅 100

◉小田急江ノ島線 藤沢駅 42

◉西武池袋線 飯能駅 48

◎箱根登山鉄道鉄道線
　出山信号場・大平台駅・上大平台信号場 44

◉中央本線 初狩駅 25

◎御殿場線 谷峨駅・富士岡駅・岩波駅 85

西本線 中在家信号場 90
◉養老鉄道養老線 大垣駅 53
◉名鉄三河線 知立駅 51
桃花台新交通桃花台線 小牧駅・桃花台東駅 145
◉東濃鉄道笠原線 多治見駅 107
◎遠州鉄道鉄道線 遠州馬込駅 103
◎東濃鉄道駄知線 駄知駅 106
◎静岡鉄道駿遠線 新藤枝駅 102
◎中央本線 笹子駅・勝沼駅・韮崎駅・穴山駅・長坂駅・東塩尻信号場 84
◎岳南鉄道岳南線 左富士信号所・田宿信号所 86
◉富士山麓電気鉄道大月線・河口湖線 富士山駅 46

7

全国スイッチバック＆ループ線データブック
目次

スイッチバック編

通過不可能形とは

　スイッチバックの基本的な役割は、連続するこう配の途中に平坦な部分を設け、文字通りここで機関車に「一息つかせる」ことにある。殊に蒸気機関車は上りこう配に弱く、連続する上りこう配では蓄えた蒸気が不足気味になることから、平坦な線路があれば、改めて蒸気を蓄えることができる。列車がいったん停車するなら、蒸気の備蓄にはなお好都合で、列車を留置できる複数の線路を敷設しておけば、列車の交換や、追い抜きも可能になる。

　もちろん、スイッチバックが救済するのは蒸気機関車だけではなく、電気機関車や、気動車などにも同じ効用を与える。まだ十分なパワーが備わっていなかった黎明期の電気機関車にとっては、大いに役にたったことだろう。編成重量の軽い電車にとっては、スイッチバックは重要な存在ではなかったかもしれない。

　さて、そのスイッチバックだが、設置される場所の条件によって、少しずつ形態が異なっている。

立野駅ホーム

　まず、「通過不可能形」と呼ばれるもの。スイッチバック構造によって、線路が行き止まりになり、すべての列車が逆方向に向きを変えて走る。線形は1回の折り返しであれば「人」の字形になり、2回折り返しであれば「Z」字の形になる。スイッチバックの最も基本的とも言える形だが、例え特急列車であれ、ここを通過する際には、一旦停止と逆行が必要となるから、通過には時間がかかり、運転本数の多い路線には不向きの形態となる。

　JR豊肥本線の立野駅や、木次線の出雲坂根駅のものがこれで、駅にやって来た線路が行き止まりとなって反対方向に折り返しているのだから、すべての列車がこれに従うしかなく、豊肥本線の特急も、立野駅では進行方向を変えて、山を越えていた。特急といえども1分1秒を争って走るような列車ではなかったから、阿蘇の外輪山を越えるための行ったり来たりも、鉄道旅行の中の楽しいひとときになったように思われる。

通過可能形とは

通過可能形

　こう配区間にある本線から線路を分岐させ、平坦に敷設した折り返し線を設置する。ここには旅客駅のホームが設けられることもあり、折り返し線の反対側にも引上線を設置して、列車を往復させて、本線への進出をスムースに行う。パワーに余力があり、駅に停車する必要のない優等列車などは、スイッチバックに入ることなく、そのまま通過する。急なこう配の上に駅を設けることには様々な危険があることから、本線が開通した後になって駅を設ける際に、この形態が採られることもある。数としては少ないが、同様の形態の施設として、こう配区間に平坦な線路を敷設して、ここで再度列車を加速させる「加速線」とも称される設備が設けられることもあるが、スイッチバック構造の駅の第一義は、安全が担保された平坦な場所に駅を設けることにある。

　JR中央本線の初狩駅や、えちごトキめき鉄道の二本木駅のスイッチバックがこの構造で、現在はスイッチバックが行われていない初狩駅は、通過可能形のメリットが生かされた形となっている。すなわち、用途が不要ということになっても、列車の速度向上を妨げることがないというものだ。二本木駅のスイッチバックは、旅客列車が退行してホームに進入する形態が続けられており、蒸気機関車の時代には必須だった施設が、電車化されて不要となった今もそのまま使用されている形だが、これは当駅を通過する優等列車の運転が設定されていない現状に拠る。

　列車がスイッチバックをしてホームに進入するという構造はJR篠ノ井線の姨捨駅も同様で、特急列車はスイッチバックを行わず当駅を通過する。同駅はホームから善光寺平を見下ろすことができる「日本三大車窓」の駅として知名度が上がり、観光色の強い列車は少し長めに駅に停車して、乗客を楽しませている。

　奥羽本線に新幹線が敷設される前の福島〜米沢間では、赤岩駅から大沢駅までこのスタイルの駅が4駅連続し、特急列車は通過してゆくが、新鋭の電気機関車が引く客車2両の普通列車は、各駅でスイッチバック上を往復していた。

折り返し形 折り返し形とは

　列車がスイッチバック上で停車し、進行方向を変えて（下り列車であれば、下り列車のまま）走り続けるスタイルの駅、または信号場。箱根登山鉄道、大平台駅と、その前後に設けられた出山信号場、上大平台信号場がこのスタイルで、全列車が、進行方向を変える停車を3回続ける。1919（大正8）年6月1日に強羅駅までを開業したこの路線は、計画時から自然を破壊することがないようルート設定が慎重に行われたが、山腹に取り付く形のルートは、当初

100‰を超えてしまうことが予想されたことから、スイッチバックを連続させることで、最急こう配を80パーミルに抑えた。世界的に見ても粘着式鉄道（鉄製のレールの上を、鉄製の車輪で走る鉄道）では別格とも言える急こう配の安全性を確保するための、スイッチバックが採用されたのである。このため、登山電車の足取りはのんびりとしたものとなったが、列車の進行方向が頻繁に変わる珍しい運転が観光客を楽しませており、車内の案内放送でも、同路線のこう配のきつさと、スイッチバックの存在を案内して、この路線の魅力に仕立てている。こう配緩和のためではなく、駅の立地条件からスイッチバック方式が採用されたのが、JRの会津若松駅や、小田急電鉄の藤沢駅などで、後者ではスイッチバックのスタイルを採ることで、自路線のホームを国鉄藤沢駅と並行させた。小田急藤沢駅が開業したのは国鉄藤沢駅が開業した40年以上後のこと。すでに駅前の土地はある程度「埋まって」いたのかもしれない。

　同様に線路の形から折り返しのスタイルが採られたスイッチバック駅が、遠州鉄道の遠州馬込駅で、国鉄浜松駅前に設けられた新浜松駅から同駅までは、国鉄の線路に並行する形で線路が敷設され、この駅でスイッチバックした後は進行方向を変えて、西鹿島駅に向けて北向きに走る。しかし、浜松市の区画整理によって、1985（昭和60）年12月1日に新浜松駅は新駅に移転して路線を変更。スイッチバックの遠州馬込駅は廃止となった。

終着駅形

終着駅形とは

　このスタイルの駅も、地形上の制約から採用されたものである。終着駅に向かって延びてきた線路が、最後にスイッチバックをして駅に到達するというもので、駅への到着を目前にした列車が、一旦本線上に停車し、やおら退行を始めてホームに着くというもので、突然の列車の方向転換に、事情を知らない乗

客は少し慌てるかもしれない。

　このスタイルの駅は、日本では今は姿を消してしまったが、国鉄赤谷線の終着駅東赤谷駅と、長野電鉄長野線の終点湯田中駅が著名だった。どちらも駅を設ける場所が限られていたことからこのスタイルが採られたもので、長野線を長野駅から走ってきた特急も、最後にスイッチバックをしてホームに入る。逆に出発する時は、動き出してからすぐに止まり、向きを変えて本格的に走り出すというものだったが、この運転方式は2006（平成18）年9月1日に駅の改良工事が完成したことから、廃止されてしまった。この路線も観光色を帯びたのどかな雰囲気の路線で、一風変わったこの運転方式も、姿を消してしまうと惜しい。

　山の上の駅で、ちょっと変わった入れ換え運転を行っていたのが、架線電圧がまだ750V だった時代の上田交通（現・上田電鉄）別所温泉駅で、電動車の次位に運転台のない付随車を繋いで走ってきた列車は、別所温泉駅に到着した後に、退行して引上げ線に付随車を押し込む。そのままでは帰路に電動車が先頭に出ることはできないから、ここで電動車は2回方向転換をして本線上に退避。引上げ線に残された付随車は人力によってホームの奥の側に据えられ（この作業を楽にするために、引上げ線には緩いこう配がつけられていた）、付随車が定位置に着くと、電動車が本線上から駅に戻り連結。入替えが完了した。

　これはスイッチバックとは少し趣が異なるが、かつての地方私鉄では、各地でそんなユニークな運転が行われていたのである。この運転も車両の整備が進んだことで中止され、別所温泉駅のかつて使用された引上げ線には、当時の主力だった5250形電車が保存されている。

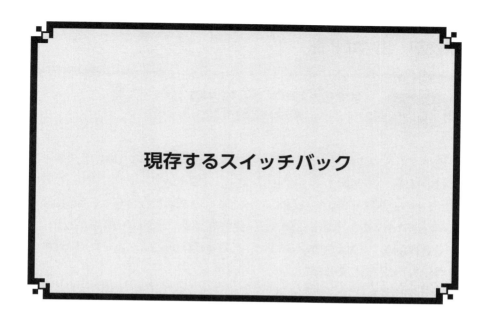

現存するスイッチバック

　それではまず現存するスイッチバックについて、現況を見てゆこう。現存するということは、この施設が今も稼働中か、いつでも稼働が再開できる状態にあるということで、すなわち法規の上でも鉄道事業の認可を受けているということである。

　行き止まり形や、折り返し形のように、そもそもスイッチバックがなかったら列車が走ることができないという形のものが残るのは当然のこととして、通過可能形のスイッチバックは、実際には不要とすることもできるが、ホームの位置などの関係からスイッチバックが残されているものもある。しかし、何らかの理由で残されているスイッチバックには、鉄道会社のゆとり、矜持が感じられることもある。思えば鉄道という交通機関がこれほどまでに国民の信頼を得た理由は、その頼もしさにあったはずである。そう捉えてみると、スイッチバックという設備も、なかなか頼もしい存在であるように思える。

木次線　出雲坂根駅

折り返し形　開業日：1937(昭和12)年12月12日
木次線宍道駅起点63.3km

　数少ない3段式のスイッチバックを備える駅。木次線は、備後落合駅で芸備線と接続し、山陽地方と山陰地方を結ぶ「陰陽連絡」の役割が求められてきたが、途中区間で中国山地を超えるために、山岳線の色合いも有する。山越えの核心部にあるのが当駅で、隣の三井野原駅とは162mの標高差がある。駅の海抜標高は、出雲坂根駅が565m、三井野原駅が727m。三井野原駅はJR西日本で最高所にある駅だ。

　出雲坂根駅は、行き止まりとなっているスイッチバックの線路に面して相対式ホームが備えられている。かつてはホームのすぐ脇にあった湧き水「延命水」は駅の外に場所が移されたが今も健在で、地元の人も水を汲むために駅を訪れている。

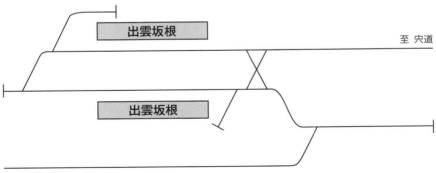

COLUMN 延命した延命水

　スイッチバックと共に、出雲坂根駅のシンボルとして親しまれているのは、この駅の湧き水「延命水」だ。かつて、この水はホームのすぐ脇に沸き出していて、文字通り旅人の喉を潤していた。急行列車が多数運転されていた時代には、周遊券利用の若者が数多くこの駅を訪れ、小さな湧き水に行列を作っていた。気動車急行の旅には、そんなのどかな風景がよく似合っていた。出雲坂根駅は2010（平成22）年4月に新駅舎の使用が開始され、延命水も駅前の石垣の下に移転した。この水の味は折り紙付きで、駅の姿が変わっても、湧き水は残されたのである。もっとも現在は、樹脂製の樋から水が出ていて、いささか趣に欠ける。かつてのように岩の間から湧き出る形を再現できたなら、水はさらに美味しくなるのではないだろうか。

駅前に延命水が沸き出ている出雲坂根駅。深い山中にあるスイッチバック駅だ

豊肥本線　立野駅

折り返し形　開業日：1916(大正5)年11月1日
豊肥本線大分駅起点115.5km

　立野駅は阿蘇山外輪山の一角にある。阿蘇山のカルデラは東西18kmという広大なものだが、外輪山が白川の流れによって削られた場所に立野駅がある。元々は熊本側から延びる宮地軽便線の駅として造られ、宮地軽便線は豊肥本線に名を変えて九州を横断する役割が与えられ、昭和初期には当駅から高森へ向かう支線も開通した。この支線がその後国鉄高森線となり、1986（昭和61）年に第三セクター鉄道に転換されて、南阿蘇鉄道となっている。

　豊肥本線の立野駅は、3段式のスイッチバックとなっている。隣の赤水駅との標高差は約190m。列車が通過できない線形であることからすべての定期列車が当駅に停車。特急列車ものんびりと坂道を往復して山を越える。

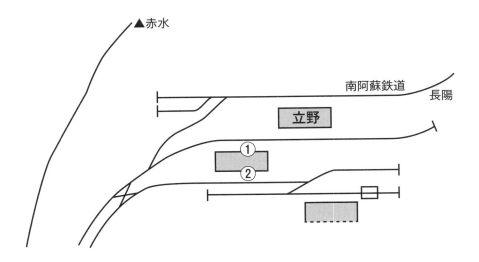

COLUMN 一大ジャンクションになっていた？立野駅

　スイッチバック構造の立野駅から分岐するもう一つの路線が、南阿蘇鉄道だ。この路線は国鉄高森線として建設されたが、1986（昭和61）年4月1日の第三セクター鉄道に転換された。高森線は立野駅と高森駅を結ぶ17kmあまりの盲腸線で、元々の計画では高森駅から路線をさらに南に延伸させ、宮崎県の側から延ばされている高千穂線と接続して、南九州を横断する路線となることが計画されていた。しかし、1980（昭和55）年に建設工事は凍結され、高千穂線は1989（平成元）年4月28日に第三セクター鉄道高千穂鉄道に転換され、2008年12月28日に全線が廃止となった。もしも高森線と高千穂線が予定どおり結ばれていたら、立野駅は九州を横断する2本の路線が接続する一大ジャンクションになっていたはずで、駅の規模は実際のものよりも遥かに大きなものとなっていたことだろう。

立野駅に設けられた3段式スイッチバック

肥薩線　大畑駅・真幸駅

大畑駅　開業日：1909(明治42)年12月26日
　　　　　八代駅起点62.2km
真幸駅　開業日：1911(明治44)年3月11日
　　　　　八代駅起点79.0km

　肥薩線は九州を代表する山岳線で、元々は熊本と鹿児島を結ぶ幹線として、鹿児島本線よりも先に建設された。これは軍部の意向も反映したものと言われているが、土木技術が未発達だった時代に深い山を貫く鉄道の建設工事は難航を極めたという。

　大畑（おこば）駅はループ線の中にスイッチバックがある駅で、これは日本の鉄道で唯一のものとなっている。ホームは島式1面2線だが、通過不可の線形となっていることから、定期運行の特急が運転されていた時代にも特急が停車した。ただし、客扱いは行われていない。

　JR九州が1996（平成8）年から熊本駅と吉松駅の間で運転を開始した「いさぶろう・しんぺい」は、熊本〜人吉間を特急として走ったが、人吉からは普通列車となり、大畑駅にも停車した。この列車は2023（令和5）年に廃止された。

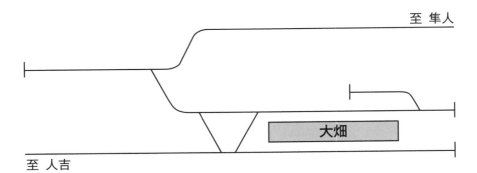

　真幸（まさき）駅も通過不可のＺ形の線形を有し、ホームは島式１面２線。木造の駅舎は開業以来と伝えられる古いものだが、有志の手によって美しく整備されている。

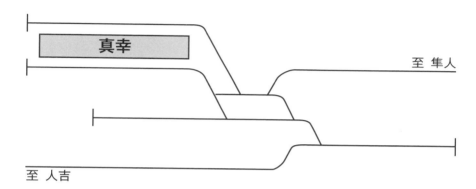

真幸駅にもスイッチバックが設けられている

篠ノ井線　姨捨駅・桑ノ原信号場

姨捨駅　開業日：1900(明治33)年11月1日
　　　　　篠ノ井駅起点12.5km
桑ノ原信号場　開設日：1961(昭和36)年9月27日
　　　　　　　篠ノ井駅起点8.3km

　篠ノ井線は信越本線と中央本線を連絡する路線として1906（明治39）年6月11日に全通した。長大なトンネルを掘削することができない時代に建設された路線は、こう配が連続する線形となり、蒸気機関車運転の難易度が高い路線となった。そして、これを緩和すべく、姨捨駅はスイッチバック構造の駅として建設された。駅のある場所で篠ノ井線の線路は、南北に真っすぐ伸び、25‰のこう配が続いているが、駅は線路の南側に分岐する形となり、相対式ホーム2面2線が設けられている。ホームからは長野盆地を見下ろすことができ、その景観は「日本三大車窓」に数えられている。桑ノ原信号場は姨捨駅の篠ノ井寄り（北側）に設けられた信号場で、シーサスクロッシングと、引込線2本を備えている。

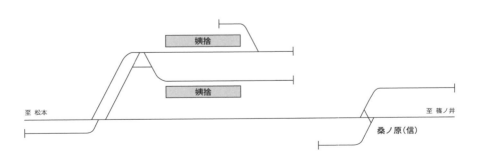

中央本線　初狩駅

開業日：1910(明治43)年2月10日
東京駅起点93.9km

　東京と名古屋を塩尻経由で結ぶ中央本線も、わが国を代表する山岳路線である。列車の動力が電力になり、さらに電車が旅客列車の主力となって以降は、その軽快な走りぶりから、この路線にこう配が連続していることを車中から感じ取ることはできなくなったが、線形そのものは、開通時からほとんど変わっていない。初狩駅は上下線の真ん中に島式のホーム1面2線を備え、本線の南側に上下両方向に延びる引上線を有している。もちろん、現代の列車にこのスイッチバックは必要なく、実際には工事用車両の着発と、本線の北側にある鉱業所への引込線として使用されているのが実情となっているようだが、それでも随所で昔のスイッチバック駅が姿を変えつつある中で、貴重な存在となっている。

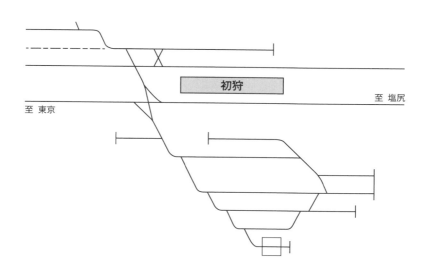

えちごトキめき鉄道妙高はねうまライン　二本木駅

開業日：1911（明治44）年5月1日
妙高高原駅起点14.7km

　第三セクター鉄道えちごトキめき鉄道に残るスイッチバック駅。もちろん、この駅のスイッチバックも開通時に造られたもので、駅の前後には25‰のこう配が連続している。蒸気機関車が主力となっていた時代には、この25‰というこう配が一応の目安となっていた。長く続くこう配は蒸気機関車の運転には不向きで、機関車と機関助士の負担を軽減する目的から、スイッチバックが設けられた。現在の電車にはスイッチバックは必須の設備ではないが、当駅ではホームや駅施設が引上線の奥に設けられた形となっており、通過全列車がスイッチバックを往復して、駅に停車する。かつては当駅から隣接する工場への引込線があり、これもスイッチバック構造を残すことに貢献した格好だ。

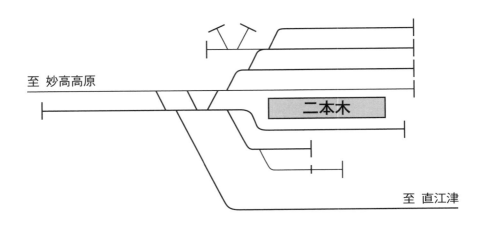

至 妙高高原

二本木

至 直江津

山陰本線　滝山信号場

折り返し形

開業日：1943（昭和18）年10月1日
京都駅起点225.0km

　山陰本線福部駅と鳥取駅の間に設けられている信号場。単線で延びる本線の上下方向に引上線が設けられている。戦時中の開設で、蒸気機関車が運転されていた時代には、必要に応じて随所にスイッチバック構造の駅や、信号場が設けられた。本線でこう配が連続する場所でも、平坦線を設けることで、蒸気機関車は使用圧力の調整や、ボイラーへの投炭を行うことができ、それは列車の速度が低下することを防ぐのに役立った。また足の遅い列車を、スイッチバック式信号場の引上線に待避させることで、後続の優等列車を優先させることもでき、その役割は大きかった。蒸気機関車が姿を消し、機関車、旅客車の出力が向上した現代では、スイッチバックの必要性は減少しているが、当信号場のスイッチバック機能は維持されている。

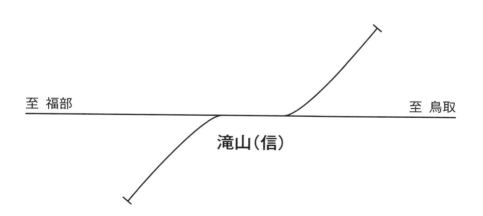

至　福部　　　　　　　　　　　　　　　　　　　　至　鳥取
滝山（信）

黒部峡谷鉄道本線　鐘釣駅

折り返し形

開業日：1953（昭和28）年11月16日
宇奈月駅起点14.3km

　黒部川に沿って線路を延ばし、宇奈月駅と欅平駅を結ぶ黒部峡谷鉄道は、元々は電源開発のための資材運搬を目的に建設され、登山者などの要望を受け入れて、戦後になって旅客営業を開始した路線だ。そんな経緯もあって、今も沿線人口は少なく、どの駅もコンパクトに造られている。鐘釣駅は上下列車の交換を可能にする施設を有していたが、利用客の増加に伴って列車の編成が長大化したことからホームの延伸が必要になり、ホームに停車した列車が一旦退行してから本線に戻るスイッチバック構造の駅となった。もちろん、増加したのは観光目的の乗客で、今も駅の周辺には、黒部川に沿って伸びるV字谷の底にある、秘境の雰囲気が溢れている。

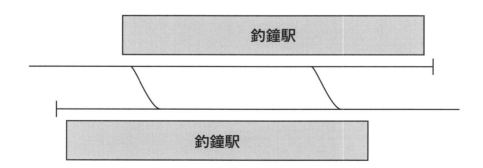

一種のスイッチバック構造となっている鐘釣駅

鐘釣駅は観光客の利用も多い

鐘釣駅のホームは相対式2面2線

鐘釣駅のホーム上には売店な
どが設備されている

土讃線　坪尻駅

折り返し形　坪尻駅　開業日：1950（昭和25）年1月10日
多度津駅起点32.1km

　四国随一の山岳線が、四国山地の脊梁を超える土讃線だ。路線の形成過程は複雑で1889（明治22）年に多度津駅と琴平駅の間を開業させた私鉄・讃岐鉄道は1906（明治39）年に国有化され、以南の線路は国の手によって建設される。大正時代になると土木技術の進歩に合わせて鉄道の建設が進み、南北両側から建設された鉄道が繋がり、土讃線が全通したのは、1935（昭和10）年11月28日のことであった。この路線には今も2つのスイッチバック駅が設けられている。坪尻駅は香川県と徳島県の県境にある猪ノ鼻峠の下に位置する。標高272ｍ。本線から分岐する引上線に面して単式ホームが設けられている。駅に通じているのは人道のみという秘境駅という名がふさわしい小さな駅だ。土讃線を走る普通列車の数が少ないこともあって、今は1日に停車する列車は下り3本、上り4本のみとなっているが、駅は残されている。

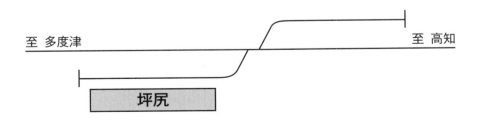

土讃線　新改駅

 開業日：1947（昭和22）年6月1日
多度津駅起点 103.9km

　土讃線のもう一つのスイッチバック駅、新改駅は高知県内にあり標高274m。やはり引上線に単式ホームが設けられている駅で、優等列車は本線を直進して当駅を通過する。通年営業している駅としては、JR四国でいちばん利用客数の少ない駅とされ、1日の利用者が0名であることも多いという。まさに秘境の中の秘境というところだろうか。停車する列車は平日・休日とも1日3往復のみ。午前中にやってくる列車は7時台に土佐山田駅行が1本あるのみとなっており、いかにも偏った設定となっている。この設定もニーズに対応したものなのだろうが、1日の利用者が0名とあっては、ニーズも何もなく、すなわちこれが、21世紀のローカル線の駅の姿ということになる。当駅が開設されたのは1935（昭和10）年11月28日のことで、当時は信号場としての開設。戦後の1947（昭和22）年6月14日に旅客駅に格上げされた。

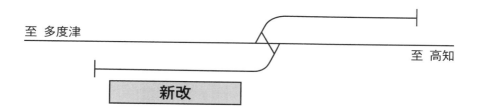

至 多度津

至 高知

新改

石北本線　遠軽駅

 折り返し形　開業日：1915（大正4）年11月1日
新旭川駅起点120.8km

　かつては石北本線と名寄本線が分岐する駅だったが、1989（平成元）年5月1日に名寄本線が廃止されたことから、石北本線がスイッチバックの線形で残された。線路が当駅で行き止まりとなっていることから、全列車が停車する駅となっている。ホームは単式と島式ホーム各1面を有する2面3線で、この形態にも分岐駅だった時代の面影が残されている。かつては駅に隣接して、北見運転所遠軽派出所（旧・遠軽機関区）が設けられていたが、これも廃止となり、構内に敷かれていた線路もそのほとんどが撤去され、現在は転車台のみが残されている。

　名寄本線は名寄駅と遠軽駅を結んだ138.1kmの路線で、宗谷本線と石北本線を連絡する役割も果たし、1962（昭和37）年5月1日からは急行列車の運転も開始されている。そんな北海道の主要路線も、1989（平成元）年5月1日に全線が廃止となり、代替交通機関として路線バスの運転が開始された。国鉄の末期から、JR発足後の平成初期まで、全国で急ピッチに進められた非採算路線の廃止は、100kmを超える路線をも容赦なく、地図の上から消してみせたのである。

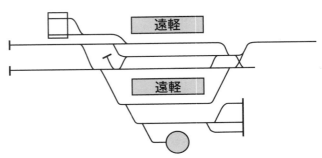

COLUMN　遠軽町内に残る森林鉄道

　町村合併によって今は遠軽町の一部となった遠軽町丸瀬布上武利に、この地で昭和30年代初頭まで使用された軽便蒸気機関車が動態保存されている。丸瀬布いこいの村森林鉄道で運転されている「雨宮21号機」がそれで、この機関車は北海道庁拓殖部が管轄する武利意（むりい）森林鉄道で、森林資源運搬のために、1957（昭和32）年まで使用されている。用途廃止後も解体を免れた21号機は有志の手によって可動状態に復元され、1980（昭和55）年からは、同公園内での運転が開始されたのである。公園内に敷設された線路の一部は、武利意森林鉄道で実際に使用された路盤を活用している。運転は、同公園が開園する春から秋にかけての週末と、夏休み期間を中心にして行われ、数両の客車と貨車を模した車両を引いて、1周2kmの線路を周回。小型機関車であっても汽笛の音色はスタンダードサイズの蒸気機関車と変わらず、広い公園の中で抜群の存在感を見せつけている。

昔ながらの駅舎が残る遠軽駅

花輪線　十和田南駅

 折り返し形

開業日：1920(大正9)年7月4日
好摩駅起点77.7km

　ホームは島式1面2線で、上下列車の交換が可能だが、線路は行き止まり式になっているので、全列車が停車し、進行方向を変えなければならない。花輪線は岩手県盛岡市の好摩駅と、秋田県大館市の大館駅を結ぶ、東北地方を横断する路線の一つである。松尾八幡平駅と安比高原駅の間には、昔から「龍ケ森越え」の名でも呼ばれた難所があり、33‰のこう配が連続する。ここから遠くない荒屋新町駅には、盛岡機関区荒屋新町支所が置かれ、峠越えに働く機関車が集っていた。十和田南駅はこれよりもずっと大館寄りに位置する。駅がスイッチバックとなっているのは、こう配をクリアーするためではなく、地形に拠るところが大きいようだ。また、将来の路線延伸計画から、この線形が採用されたとも言われており、ミステリアスな駅になっている。

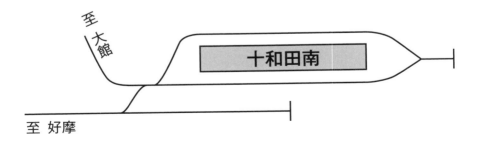

COLUMN 平地に造られたスイッチバック駅の謎

　十和田南駅が開業したのは1920（大正9）年7月4日のことで、私鉄・秋田鉄道が毛馬内（けまない）駅としてこの地に駅を設けた。当初は貨物のみを扱う駅だったが、翌年1月5日には旅客の取り扱いも開始している。

　秋田鉄道は花輪方面への物資輸送と、沿線にある尾去沢鉱山で産出される銅などの鉱石の運搬を目的として創立された鉄道で、1915（大正4）年12月25日に尾去沢駅が開業すると、この駅と尾去沢鉱山の間に馬車鉄道が開設され、鉱石運搬の開始は、秋田鉄道の営業成績を一気に好転させたのである。

　秋田鉄道は1923（大正12）年11月10日に陸中花輪駅までの延伸を果たして、当初計画していた路線を全通させているが、これとは別に毛馬内駅から分岐して東北本線三戸駅への路線延伸を計画していたと言われ、延伸計画が存在していたことは、地方誌にも明記されている。この計画のために毛馬内駅は北方向への延伸を前提に駅の向きが決められ、地形的には不要とも思われるスイッチバック構造となったと言われる。すなわち、毛馬内駅は、スイッチバック駅ではなく、分岐駅となることを想定して造られたというもので、これは現存する一畑電車、一畑口駅とも同様の経緯となっている。

　延伸は遠い三戸ではなく、10kmほど先の小坂であったとする説もあり、計画が実現しなかった以上、すべてが推論とはなるのだが、平地に造られたスイッチバック駅の誕生理由として整合する部分は多い。

秋田新幹線　大曲駅

 折り返し形　開業日：1904(明治37)年12月21日
盛岡駅起点75.6km

　秋田新幹線大曲駅は頭端式2面2線のホームを有する。同駅で在来線は1
～3番線を使用し、秋田新幹線は11～12番線を使用。このうち3番線は狭
軌（1067mm軌間）と標準軌（1435mm軌間）が併設されたデュアルゲー
ジとなっている。盛岡、秋田のどちらの側から来た新幹線の列車も、当駅で進
行方向を変える。新幹線ホームは、在来線のそれと比較してもやや手狭な印象
を受けるはするが、この地での需要には十分に対応している。320km/h走行
を実施している新鋭の新幹線電車が、ローカル色の濃い駅に発着する姿は興味
深いが、これが新在直通運転を実現させた新幹線の求められるべき姿なのだろ
う。駅舎は新幹線の開通に合わせ、リニューアルを果たしている。

　現代の新幹線の駅は、どれも先鋭的なデザインを採用して造られているが、
新幹線と在来線が並ぶ駅では既存の施設と最新の施設が混在しており、そんな
眺めを楽しめるのも、山形新幹線、秋田新幹線の楽しさなのかもしれない。

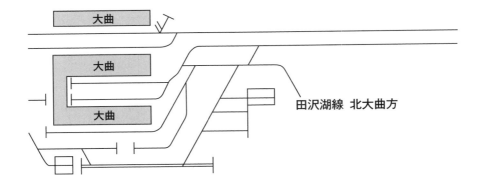

COLUMN 新幹線とこう配

　山形新幹線と秋田新幹線は、福島駅と新庄駅の間、盛岡駅と秋田駅の間で、幅を1435mmに改軌した線路の上を走る。いわゆる新在直通運転と呼ばれる方式がこれで、それぞれ東京駅と福島駅、盛岡駅までの間はフル規格で建設された新幹線の上を走るから、到達時間の短縮率は大きい。福島駅と新庄駅の間、盛岡駅と秋田駅の間はどちらも山間部を横断し、窓のすぐ外に豊かな自然が見えるという楽しみもある。秋田新幹線大曲駅のスイッチバック構造は、もちろんこう配対策のためではなく、線路と駅の位置関係から採用されたもの。かつて日本を代表する難路として知られた碓氷峠越えの区間は、今は北陸新幹線が通過し30‰こう配があり、九州新幹線には35‰こう配があるが、現代の新幹線電車は、この坂道を難なく通過する。

秋田新幹線大曲駅もスイッチバック構造となっている（撮影：本村忠之）

磐越西線　会津若松駅

 折り返し形

開業日：1899（明治32）年7月15日
郡山駅起点64.6km

　磐越西線と只見線の分岐駅。さらに会津鉄道の列車も只見線を経由して当駅まで乗り入れる。この地方の経済・文化の拠点ともなっている会津若松に駅が設けられたのは、古く1899（明治32）年7月15日のことで、明治の私鉄・岩越鉄道の駅として開業。この鉄道は郡山と新津を結ぶことを目的に建設が始められた、現在の磐越西線のルーツである。岩越鉄道は明治末期に国有化され、磐越西線の全通は国有化後のこととなるが、1931（昭和6）年9月1日に上越線が全通するまでは、この路線が東京と新潟を結ぶ有力なルートとなっていた。同駅の磐越西線ホームは1～3番線となり、スイッチバック構造となっている。

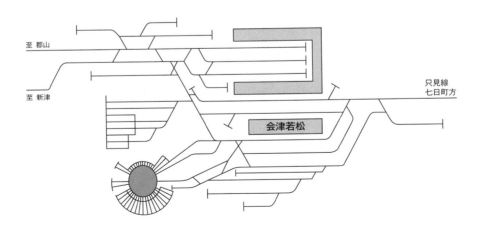

COLUMN 一大ジャンクションに成長した会津若松駅

　会津若松駅が開業したのは 1899（明治 32）年 7 月 15 日のことで、私鉄・岩越鉄道の若松駅としての開業であった。岩越鉄道は郡山駅と新津の間、および新津駅と酒屋駅の間の建設免許を受けて創立された会社だった。郡山駅と新津駅の間は、言うまでもなく今日の磐越西線となったルートである。岩越鉄道が若松を経由したのは当然で、福島県の県庁所在地こそ福島市となったが、若松は、長く福島県内の政治、文化の拠点となっていた町だった。

　岩越鉄道の計画は、果たされることなく終わる。同社は郡山駅と喜多方駅の間を開業させていたが、1906（明治 39）年 11 月 1 日に同社は国によって買収され、喜多方以西の建設は国の手によって行われることになったのである。若松駅は、1917（大正 6）年 5 月 21 日に会津若松駅へと名称を改めた。全国規模の鉄道を有する国有鉄道が、九州の若松駅との混同を避けたのだった。磐越西線は 1914（大正 3）年 11 月 1 日に全通し、首都圏と新潟地方を結ぶ有力な選択肢となった。まだ上越線が開業前だったのである。

　1926（大正 15）年には現在の只見線が会津坂下まで開業し、会津若松は接続駅となる。そして 1927（昭和 2）年 11 月 1 日には会津線が開業する。会津線の分岐駅は西若松駅であったが、列車は 2 駅先の会津若松まで乗り入れた。

　会津滝ノ原駅を終着とする盲腸線だった会津線は、1987（昭和 62）年に廃止されるが、この受け皿となった第三セクター鉄道会津鉄道は 1990（平成 2）年 12 月 2 日に会津田島駅までの電化を果たし、これで野岩鉄道、東武鉄道と結んで、会津若松駅から浅草駅に至る新たなバイパスを形成したのである。

　会津若松は海からは遠く離れた内陸の町であったが、古くから会津街道、会津西街道、二本松街道、米沢街道などが終結する要衝だった。明治以降の鉄道の終結も歴史の必然であったのかもしれない。現在の会津若松駅も、単なるスイッチバック駅には留まらない交通の要衝に成長している。

東武野田線　柏駅

折り返し形

開業日：1911（明治44）年5月9日
大宮駅起点42.9km

　柏に駅が設けられたのは1896（明治29）年12月25日のこと。明治の私鉄・日本鉄道の海岸線の駅としての開業であった。日本鉄道は明治末期に国有化され、元海岸線は常磐線を名乗る。1911（明治44）年5月9日には千葉県営軽便鉄道が柏に野田線の駅を設置。さらに1923（大正12）年12月27日には、北総鉄道船橋線がやはり柏駅を開設した。3駅はそれぞれの路線のターミナル駅であったが、1930（昭和5）年8月30日には駅の統合が行われ、これによって千葉県営鉄道と北総鉄道の柏駅はスイッチバック構造の駅となったのである。両路線は1944（昭和19）年3月1日に陸上交通事業調整法によって東武鉄道に吸収合併され、東武鉄道野田線が誕生した。

　現在の東武野田線柏駅は頭端式2面4線のホームを備え、JR常磐線のホームを隣接。ただし、両社の駅は完全に独立した形となっており、乗り換えには一旦改札口から外に出る必要がある。かつてはJRと東武でホームの番線表示は通しとなっていて、東武鉄道は5〜8番線を名乗っていたが、これも独立した形に改められ、現在はそれぞれが1〜4番線を有する駅となった。

　前述の経緯から東武鉄道の柏駅はスイッチバックの構造となり、現在は船橋方面と大宮方面を通して走る列車がスイッチバックを行う。当然、駅での停車時間は通常の形態の駅よりも長くなるが、当駅が急行列車と普通列車が接続する、いわゆる緩急連絡を行う駅でもあることから、長めの停車時間も乗客にとってはむしろ好都合であるようだ。

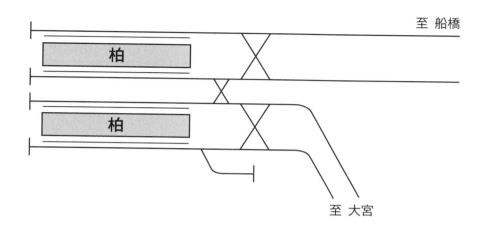

至 船橋

柏

柏

至 大宮

２社の合併によってスイッチバック構造となった東武鉄道柏駅

小田急江ノ島線　藤沢駅

 折り返し形　開業日：1929（昭和4）年4月1日
相模大野駅起点23.1km

　1887（明治20）年7月11日に開業した国有鉄道の藤沢駅に、1920（大正9）年9月1日には現在の江ノ島電気鉄道が駅を設け、1929（昭和4）年4月1日には小田急江ノ島線の駅が開業した。輸送力が大きい国有鉄道の駅との接続は、当時の私鉄にとって必須の条件だったのである。駅の開設時に小田急藤沢駅はスイッチバック構造を採用して建設された。相模大野駅方から延びてきた小田急の線路は、国鉄の線路をオーバークロスして藤沢駅に達し、さらにスイッチバックをして片瀬江ノ島駅に達する。線路の終着を片瀬江ノ島駅としたのは、観光需要を視野に入れてのもので、事実、開業後の小田急江ノ島線の営業成績は、小田原線をも凌駕するものとなっていた。

　小田急電鉄の藤沢駅はJRのホームに並行する形で、頭端式ホーム2面3線が設置されている。相模大野駅方と片瀬江ノ島駅を直通する列車が当駅でスイッチバックを行うことになるが、特急列車以外は、ほとんどの列車が当駅で運転系統を分けており、列車の折り返しに時間を要さないスムースな運転が続けられている。小田急の改札口は地平部分にあり、これを真っ直ぐ出ると、橋上式の駅舎が設けられたJR藤沢駅のコンコースの下に出る形となっているほか、JRとのホームとの間に連絡こ線橋も設置されていて、乗り換えはスムースに行える。

　また、藤沢に駅を設けているもう一つの鉄道、江ノ島電鉄の藤沢駅は、小田急・JRの駅と駅前広場を挟んだ反対側に設けられているが、江ノ島電鉄の藤沢駅もホームは商業ビルの2階部分に設けられていて、ペデストリアンデッキを経由してスムースな乗り換えが可能になっている。

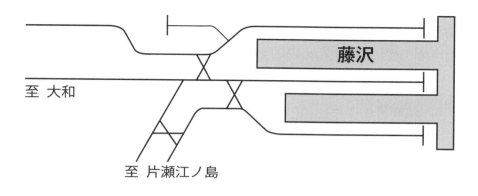

至 大和

藤沢

至 片瀬江ノ島

小田急電鉄藤沢駅。線路は築堤を築いてJRの線路を跨いでいる。

スイッチバック編

箱根登山鉄道鉄道線
出山信号場・大平台駅・上大平台信号場

 折り返し形

大平台駅　開業日：1919（大正8）年6月1日
　　　　　小田原駅起点9.9km
出山信号場　開設日：1919（大正8）年6月1日
　　　　　　小田原駅起点8.3km
上大平台信号場　開設日：1919（大正8）年6月1日
　　　　　　　　小田原駅起点10.4km

　小田原と強羅を結ぶ箱根登山鉄道には3か所のスイッチバックがある。3つのスイッチバックは大平台駅の前後で連続し、出山信号場と上大平台信号場では、乗客は乗降できず、停車中に運転士と車掌が乗務員室を入れ替わる。

　大平台駅はコの字形の相対式ホームを備え、1番線に強羅方面に向かう列車が、2番線に箱根湯本方面に向かう列車が発着し、ホームの手前に渡り線がある。2番線ホームから階段を登った先に山小屋風の駅舎が建っているが、ここは無人で、実際の駅機能は券売機を設置されている2番線ホームに集約されている。駅の前後にも急こう配が連続していて、ホーム上からも、行き来する列車の姿を眺めることができる。

　箱根登山鉄道のルートは慎重に検討を重ねた上で決定された。当初の案では、まず東海道の旧道に沿って高度を稼いだ後に大平台に抜ける案や、アプト式鉄道を建設する案もあったというが、環境保護にも勘案してルートが選択された。これには、鉄道自身も災害に巻き込まれる可能性が少ないことにも勘案されたという。2019（令和元）年10月には台風19号によって全線が壊滅的な被害を受け、復旧には相当な時間が要されることが明確になった。この時には全国で水害による鉄道の運休や、以後の運転再開を断念する事例が続いていたことから、箱根登山鉄道の将来を心配する声も挙がっていたが、箱根登山鉄道は当初の予定を早めて、2020（令和2）年7月23日に運転を再開した。それは夏の本格的な行楽シーズンの到来に間に合うものだった。

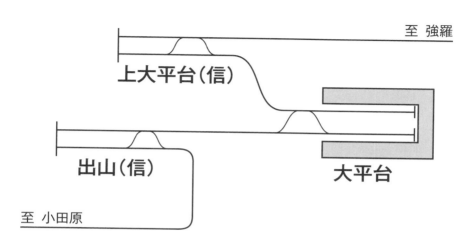

至 強羅

上大平台（信）

出山（信）

大平台

至 小田原

大平台駅の前後では急こう配が連続する

富士山麓電気鉄道大月線・河口湖線　富士山駅

折り返し形　開業日：1929（昭和4）年6月19日
大月駅起点23.6km

　富士山の北側の裾野を最急40‰のこう配と、最急半径200mの曲線を使って登る富士山麓電気鉄道にもスイッチバックの駅がある。富士山駅がそれで、この駅では全列車が進行方向を変える。この駅は同社の大月線と河口湖線の接続駅となっており、富士山駅と河口湖駅の間が河口湖線。大月駅からここまで、山男が大地を踏みしめるようにして、ゆっくりと登ってきた列車は、急こう配から解放されて、一転、軽やかな足取りで河口湖駅に向かう。河口湖駅には車両基地も設けられ、運転面でもここが拠点となっていることが窺える。富士急行線はその名のとおり、随所から富士山の姿を見ることができるが、この富士山駅からも、遮るものなく、富士山の端正な姿をみることができる。

　富士山麓一帯を世界的な観光地にすることを掲げて富士山麓電気鉄道が創立されたのは1926（大正15）年9月18日のことで、その第一歩として始められたのが自動車事業だった。1927（昭和2）年には御殿場〜河口湖間などで乗り合いバスの運行、それに貸切バスの運行が始められている。こと富士山麓電気鉄道においては、事業の始まりはバスの運転だったのである。1929（昭和4）年6月19日には大月駅と富士吉田駅（現・富士山駅）を結ぶ23.6kmの鉄道が開業。この路線は当初から電化され、開業時に使用開始されたモ1形は40‰のこう配に備え、電気ブレーキや、スリップ防止のための砂撒き装置を搭載した。この5両のうちの1両、モ1は今も河口湖駅前で保存、展示されている。富士吉田駅がスイッチバック構造に姿を変えたのは、1950（昭和25）年8月24日に当駅から河口湖駅までが河口湖線の名称で延伸された。駅の標高は809m。河口湖線の線路は平坦で、高原のプロムナードの趣がある。

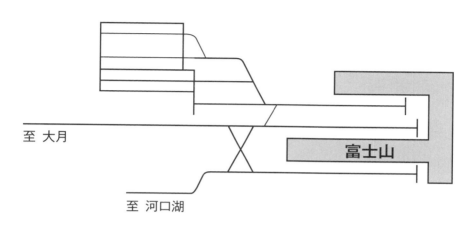

至 大月

富士山

至 河口湖

富士山駅はゆったりとした造りだ

西武池袋線　飯能駅

折り返し形　開業日：1915(大正4)年4月15日
池袋駅起点43.7km

　飯能市は埼玉県の西南部に拓けた街で、入間川、高麗川の水運を活かして林業の町として発達。1915（大正4）年4月15日に、現在の西武鉄道が駅を開設した。駅は地形の関係からスイッチバック構造となり、すべての列車が当駅で進行方向を変える。そのような運転面の特徴から当駅が終着となっている列車も多く、西武鉄道池袋線の終点になっているような印象を受けるが、実際の池袋線と秩父線の接続駅は吾野である。もっとも、そのような法規上の取り決めは、利用者にとっては問題とはならないのだろう。ホームは3面4線という大きな規模を有し、都心に位置するターミナル駅と変わらない雰囲気を有している。

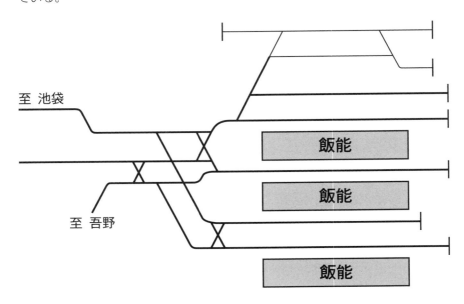

中央本線　塩尻駅

 開業日：1902(明治35)年12月15日
東京駅起点222.1km

　中央東線、中央西線と篠ノ井線が接続する。中央東線の線路は当駅に南東側からアプローチし、中央西線は南西側からアプローチする。篠ノ井線の線路は北に延びており、いわば逆Yの字になっているのが、当駅付近の線形となっている。したがって、中央東線、西線を直通する列車は、当駅でスイッチバックを行うことになるが、中央線を経由して東京と名古屋を結ぶ定期列車の運転は今はない。駅は島式ホーム3面6線を有する堂々としたもので、かつては中央東線、西線を直通する列車がスイッチバック不要の構造となっていたが、1982（昭和57）年5月17日に駅が移転し、現在の構造に改められた。

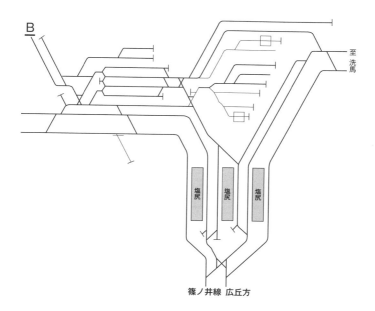

富山地方鉄道本線　上市駅

 開業日：1931（昭和6）年8月15日
電鉄富山駅起点13.3km

　ホームは頭端式2面3線で、すべての列車が当駅で進行方向を変える。1913（大正2）年6月15日に立山軽便鉄道の駅として開業。当時は762mm軌間を採用し、動力は蒸気によっていた。1931（昭和6）年8月15日にこの路線を吸収合併した富山電気鉄道が、富山田地方（とやまでんじがた）駅と当駅の間を開業させ、現在につながる線形が確立された。当駅は2階建ての駅ビルを備える近代的なスタイルで、3本の線路は、南側の単式ホームを備える線路が2番線、3本並ぶうちの中央が1番線、北側の線路が3番線となっており、やや変則的。2番線に宇奈月方面に、1・3番線に富山方面に向かう列車が発着し、3番線は当駅始発、終着の列車が使用する。

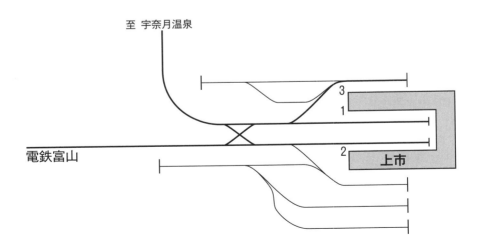

至 宇奈月温泉

電鉄富山

3
1
2
上市

名鉄三河線　知立駅

開業日：1959（昭和34）年4月1日
　　　　猿投駅起点21.3km

　知立市を代表する駅で全列車が停車する。当駅で名鉄本線と三河線が接続するが、三河線の列車は当駅でスイッチバックを行う。名鉄本線と三河線は、愛知電気鉄道と三河鉄道という別の会社が建設した路線で、1923（大正12）年4月1日には両線が立体交差する地点に初代知立駅と三河鉄道新知立駅が建設されたが、両社の合併後に2代目知立駅が誕生し、1959（昭和34）年4月1日には駅を移設して、現在の形ができあがった。ホームは3面5線で、2〜4番線を三河線が、5、8番線を名鉄本線が使用。現在は駅の前後に存在する踏切を解消すべく、立体化の事業が進められている。

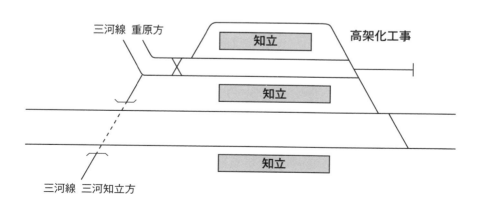

名鉄広見線　新可児駅

開業日：1918（大正7）年12月28日
犬山駅起点14.9km

　東濃鉄道によって開設された駅。東濃鉄道は一部区間が国有化され、国有化されなかった当駅と御嵩駅の間は、新設された東美鉄道が受け継ぎ、1929（昭和4）年1月22日には、名古屋鉄道の線路が今渡から当駅まで延伸され、現在のスイッチバック駅が誕生した。1943（昭和18）年3月1日には、東美鉄道と名古屋鉄道が合併している。いわば当駅は、歴史的経緯によって生まれたスイッチバック駅ということになる。現在の新可児駅は頭端式2面3線の規模を備える。広見線の運転系統は当駅で分離されており、下り御嵩行は1番線に発着し、ホームは2両対応。上り犬山方面行は2〜3番線に発着し、ホームは4〜6両対応となっている。

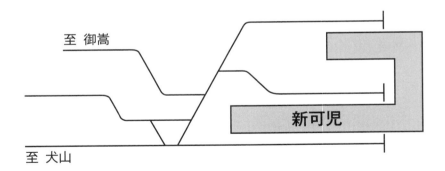

養老鉄道養老線　大垣駅

 開業日：1913（大正2）年7月31日
桑名駅起点43.0km

　桑名駅と揖斐駅を結ぶ養老鉄道は、大垣駅で JR、樽見鉄道と接続する。養老鉄道のホームは頭端式で1面2線。したがって、桑名方面と揖斐方面を直通する列車は、全列車がスイッチバックを行うことになるが、現在は当駅で運転系統が二分されており、直通列車のスイッチバックは行われておらず、全線を完乗するためには当駅で乗り換えが必要となる。養老線は桑名駅と揖斐駅を結ぶべく設立された路線で、養老電鉄に社名変更した後、戦前の1940（昭和15）年8月1日には参宮急行電鉄と合併した。参宮急行電鉄は後に近畿日本鉄道と合併。養老線は2007（平成19）年10月1日に、近鉄の子会社となる養老鉄道として再スタートを切った。

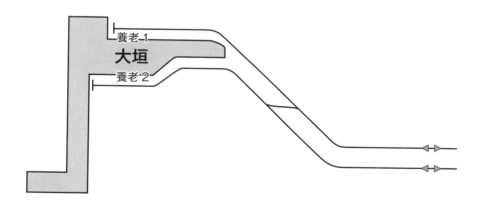

一畑電車北松江線　一畑口駅

開業日：1915（大正4）年2月4日
電鉄出雲市駅起点17.5km

　一畑薬師（一畑寺）の最寄駅。当初は中間駅で、線路はこれより南に設けられていた一畑駅まで延びていたが、1928（昭和3）年4月5日には北松江（現・松江しんじ温泉）駅からの線路が当駅に達して接続駅になり、1944（昭和19）年12月10日には当駅と一畑駅の間が休止（正式な廃止は1960（昭和35）年4月26日）となったことから、平坦な場所に設けられたスイッチバック駅の形態が、そのまま残されることになった。平らな地形が続く線路に唐突に現れるスイッチバック駅は不思議なものだが、この駅の歴史を振り返ってみれば、納得がいく。駅は島式ホーム2面3線で、3番線は現在使用中止。1番線に松江しんじ温泉方面に向かう列車が、2番線に電鉄出雲市方面に向かう列車が発着する。

　今は姿を消してしまった一畑駅は、一畑口駅の南、およそ3kmの場所に設けられていた。単式ホーム1線のみの小さな駅であったというが、それでも輸送需要には見合っていたことだろう。この駅が休止となったのは1944（昭和19）年12月10日のことで、戦局の悪化に伴って一畑口駅と一畑駅の間が不要不急の路線とみなされたための処置であった。終戦の8カ月前のことである。今日の目から見れば、この処置も鉄道の存続の障害となった惜しまれるものであったが、当時の人はそれだけ必死であったはずだ。一畑駅の跡に、今は明確な痕跡は残っていない。

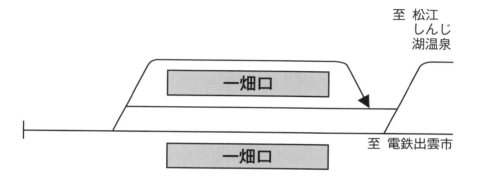

至 松江
　　しんじ
　　湖温泉

一畑口

至 電鉄出雲市

一畑口

かつては分岐駅だった一畑口駅

松浦鉄道西九州線　伊万里駅

折り返し形 開業日：1898（明治31）年8月7日
有田駅起点13.0km

　伊万里駅が開業したのは1898（明治31）年8月7日のことで、有田と伊万里を結ぶべく設立された私鉄・伊万里鉄道の駅であった。全線でわずか4駅の小さなこの鉄道は、有田で生産される陶磁器と伊万里で産出される石炭の輸送を主目的としていたが、経営は振るわず、開業から1年後の1899（明治32）年12月28日には九州鉄道に合併される。九州鉄道は1907（明治40）年7月1日に国有化され、伊万里駅は松浦線、筑肥線の駅となった。1988（昭和63）年には松浦線が第三セクター鉄道に転換。当駅は頭端式2面3線のホームを有するスイッチバック駅となった。もちろん、当駅もこう配に備えて造られたスイッチバック駅ではなく、長い歴史的経緯から現在の姿ができあがったことになる。

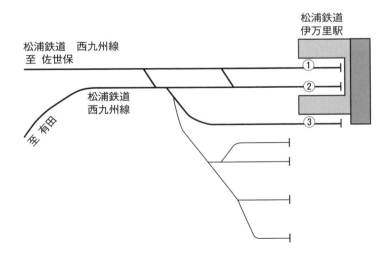

佐世保線　早岐駅

 折り返し形　開業日：1897（明治30）年7月10日
　　　　　　江北駅起点39.0km

　佐世保線と大村線が分岐する。このうち大村線は直通が可能となっているが、佐世保線の線路はスイッチバック構造となり、列車は特急列車を含む全列車が進行方向を変える。佐世保線の列車は、現在は鳥栖方面と佐世保方面を直通する列車の設定は少なく、普通列車はほとんどが当駅での乗り換えを必要としている。ホームは島式2面4線と、留置線1本（3番線）を備え、機関車列車が運転されていた時代には3番線を使用して機回しが行われていた。今は機関車けん引の列車の発着はない。当駅のスイッチバックは、長崎本線と佐世保線が分岐する駅として設置されたことの名残と言われている。

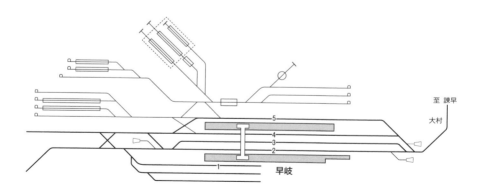

岩手開発鉄道　岩手石橋駅

 開業日：1960（昭和35）年6月21日
盛駅起点9.5km

　現在は石灰石輸送を専業としている岩手開発鉄道にあるスイッチバック駅。岩手開発鉄道は地域振興と、林産資源の運搬を目的に設立され、小野田セメント（現・太平洋セメント）大船渡工場の石灰石輸送を手掛けるようになって業績が良化したという経緯を持つ。それでも旅客営業の低迷から脱却することはできず、1992（平成4）年4月1日には、盛駅～岩手石橋駅の間で行われていた旅客営業が廃止されている。当駅が開設されたのは比較的新しく、昭和30年代半ばのこと。この時期にはセメント輸送も開始され、会社全体が活況にあったということだろうか。当駅から延びる引上線が折り返した先に、貨物搬出用のホッパーが設けられ、駅がスイッチバック構造となっている。

　岩手開発鉄道で旅客輸送に使用されていたのは自社オリジナルの気動車と、夕張鉄道から譲渡された気動車で、自社形のキハ202は車体長12mの小型車。前面は切妻スタイルの2枚窓という、いかにも地方私鉄のオリジナルらしいユニークなスタイルをしていた。一方の譲渡車キハ301は国鉄キハ07形と同一設計の車両で、機械式変速機を備えたクラシカルな車両だった。旅客営業といっても規模の小さなものであったから、この2両で十分に需要を賄えていたようだが、旅客輸送の末期はキハ202の出番が多かったようである。旅客輸送が終了した後、2両とも平成の中頃に解体されている。共に鉄道遺産としての価値も認められる形式だけに解体は惜しまれるが、いずれにしても耐用年数はとうに過ぎており、動態保存は困難であったろう。

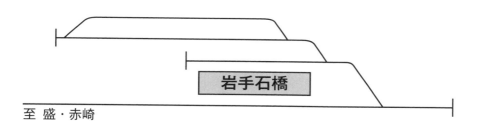

岩手石橋

至 盛・赤崎

小さな駅舎が建っていた岩手石橋駅（撮影：本村忠之）

スイッチバックを楽しむ
箱根登山鉄道の旅

3か所にスイッチバックがある登山電車

箱根登山鉄道の線路は、箱根湯
本駅を出た途端に急こう配になる。
そこはまだ箱根の入口。左手の車
窓には箱根湯本の旅館街や商店街
が見下ろせて、休日であれば国道
には車の列ができている。そこは
箱根の山の中というよりも、繁華
街と呼ぶべき場所なのだが、電車
が走る線路はといえば、駅を出て

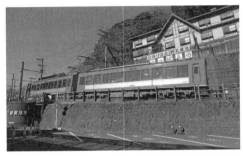

箱根湯本駅を出ると、すぐに80‰の急こう配が始まる

すぐの所から80‰の急こう配が始まっていて、箱根登山鉄道は、一気にその
名にふさわしい趣になるのだった。

箱根登山鉄道は小田原駅と強羅駅を結ぶ鉄道だが、現在は小田原駅と箱根湯
本駅の間の輸送は小田急電鉄の車両のみで行われている。特に利用客の多いこ

箱根登山鉄道　モハ1

の区間では、大型車両の4両
編成でないと、需要に対応し
きれないためだ。けれども、
80‰の急こう配と急曲線が連
続する箱根湯本駅から先に小
田急の車両が入線するのは不
可能で、ここからは登山電車
の独壇場となる。箱根湯本の
賑やかな街並みが見えなくな

り、線路が右に曲がってトンネルを抜けると、やがて塔ノ沢駅。トンネルに挟まれ、上りホームに面して弁財天があるこの小さな駅は、今は駅員無配置で、深山幽谷の趣がある。箱根登山鉄道の列車を3両編成に増強する時にいちばんのネックとなったのがこの駅で、トンネルを拡幅して小田原方の分岐器

塔ノ沢駅

をトンネル内に移動させて3両編成対応としたという経緯がある。だから、この駅の箱根湯本寄りのトンネルだけが、駅の他の施設よりも新しい。

　塔ノ沢駅を後にして早川に架かる緑色のトラス橋を渡り、またトンネルを抜けた先に、最初のスイッチバック出山信号場がある。この信号場の狭いホーム

山出信号場

出山信号場に建つ駅名標。まだ標高はそれほど高くない

出山信号場からは遥か下方に早川に架かる鉄橋を見ることができる

61

は、乗務員が反対側の運転台に向かうためのもので、眼下には先ほど渡ってきた出山鉄橋が見える。車内に流される案内放送でも、鉄橋が見えることや、この路線に3つのスイッチバックがあること、80‰という急こう配があることなどがアナウンスされ、乗客に旅の楽しい情報を提供している。スイッチバックを往復するのだから、急こう配を登り続ける登山電車の足取りはさらにゆっくりしたものになるけれど、観光色の強いこの路線では、むしろゆっくりと走ることがサービスとなっているような雰囲気もある。スイッチバックの行き来も楽しいアトラクションとなっている。情報が豊富になった現代は、若いママでさえ、「1両ドアカット」などの言葉を使いこなすから、もっとマニアックな情報の提供があっても良いのかもしれない。

　出山信号場で向きを変えた電車は、なおも急な坂道を登り続ける。今度は右下の梢越しに国道1号線が見え、このあたりも週末には小田原方面に向かう車が渋滞するところだ。登山電車はスピードは遅くとも渋滞することはなく、そ

春の大平台駅。箱根湯本駅行が必ず2番線を使用する

の確かさがあるからこそ、この小さな登山電車や、藤沢と鎌倉の間を走る江ノ島電鉄が再評価されるようになった。そして、お客様をもてなす心があれば、誰もが鉄道を愛するようになる。

電車をのんびり眺めることができる大平台駅

電車はやがて大平台駅に到着し、ここが２つめのスイッチバック。ホームではまた、乗務員が反対側の運転台に向かう。この電車の運転台には、コウモリ傘が立てかけてあることもあって、これはこのスイッチバック駅、信号場で使うのだという。山の中にある駅では特に夏の日など、とても強い雨が降り、傘なしだと、あっという間にずぶ濡れになってしまうのだとか。

大平台駅

大平台駅は出山信号場と違って一般的な旅客駅で、乗客の乗降も行われている。駅の周辺にも温泉場が広がり、立ち寄り湯や、窓から電車を見ることができるカフェも建っているから時

大平台カフェ

間があれば立ち寄ってみよう。歓楽街とはひと味違う、のんびりとした旅の楽しみ方ができる。

大平台駅で２度目の折り返しが行われるが、行き来する電車をゆっくりと眺めるのであれば、この駅が好適。ホームから電車を見ていても、この路線のこう配がいかに急かを再確認することができる。春であればホームのすぐ上に桜が咲き、なかなか絵になる。動画撮影であれば、ホームの少し先にあるポイン

上大平台信号場

トの近くで撮影を行えば、スプリングポイントのガシャーンという作動音を取り入れることができるかもしれない。

電車は大平台の少し上で3度目の方向転換を行う。そこが上大平台信号場。この周辺には旅館や住宅が並んでいるが、狭い場所に造られている施設なので、撮影のために線路に近づくのは難しい。

箱根登山鉄道の電車は、3つのスイッチバックが連続する先でも、なおも最急80‰のこう配と、最小半径30mのカーブを繰り返して山を登ってゆく。箱根湯本駅から強羅駅までの所要時間は40分ほどだが、車窓風景は飽きることがない。この鉄道ではスイッチバックも、鉄道の旅の楽しい彩りとなっている。

なくなったスイッチバック

　今は用途廃止となってしまったスイッチバックも数多い。その多くは輸送力を高めるために造られ、しかし、需要の変化によって役割が失われた。並行する新線が開業したことで、廃止となったものもあり、まさに鉄道の栄枯盛衰を映し出す鏡のような存在となっている。願わくば、鉄道の世界が再び活気に溢れることを。多くの先人が鉄道に託した夢を、未来に伝えたい。

夕張鉄道　錦沢駅

通過可能形　開業日：1926（大正15）年10月14日
野幌駅起点43.3km
廃止日：1975（昭和50）年4月1日

　夕張鉄道は北炭夕張炭鉱で産出される石炭の運搬を主目的として建設された私鉄で、北海道の野幌駅と夕張本町駅の間、53.2kmを結んだ。終点の夕張本町駅は夕張市の中心部にあり、市のやや外れにあった国鉄夕張駅よりも利便性は高く、国鉄の準急に対抗して自社発注の気動車を用いた急行を運転するなど、旅客輸送にも力を注いだ鉄道だった。錦沢駅は20‰のこう配を克服すべく設けられた本格的な3段式スイッチバックを備えた駅で、3段式スイッチバックの2段目に相対式ホームを備えるという国内では珍しいスタイルとなっていた。そんな夕張鉄道も1975（昭和50）年4月1日に廃止となり、錦沢駅もそのまま廃駅となった。

　錦沢駅の周辺には遊園地も造られた夕張市民のレクリエーションの場となっていた。最盛期の夕張市には12万人の人が住み、旺盛な需要があったのだった。遊園地は夕張鉄道が経営したもので、0系新幹線を模した豆汽車や、小動物園、釣堀も備えられた本格的なもので、ボートが浮かぶ池も造成された。夏には花火大会が催され、札幌方面からも臨時列車が運転される、大都会の遊園地に負けない遊戯施設が夕張にも造られたのである。そんな錦沢遊園地も1970（昭和45）年には廃止となった。それは夕張鉄道の合理化の一環として行われたもので、夕張鉄道もそれから5年後に廃止となったのである。かつてのスイッチバック跡は、サイクリングロードとして整備されたが、それも今は荒廃が進み、線路跡は雑草に埋もれている。

スイッチバック編

草軽電気鉄道　二度上駅・東三原駅

通過可能形

二度上駅　開業日：1917（大正6）年
　　　　　　　　　　新軽井沢駅起点19.9km
　　　　　廃止日：1960（昭和35）年4月25日
東三原駅　開業日：1926（大正15）年
　　　　　　　　　　新軽井沢駅起点38.6km
　　　　　廃止日：1962（昭和37）年2月1日

　草津と軽井沢を結んだ762mm軌間の草軽電気鉄道は、上信国境の高原を走り、建設費を抑えるべくトンネルは掘削されなかった。そのことから、55kmあまりの路線の中には幾つものスイッチバックが設けられていた。今もその特異な配線が語り草になっているのが二度上駅で、スイッチバック構造のこの駅は、駅の入口にクロッシングがないことから、列車交換がある時は、駅の前後を2往復しなければ先に進むことができなかった。今も二度上は地名として残るが、この運転方式が地名に採られたとも言われている。東三原駅のスイッチバックはシンプルな3段式だが、引上線の一つが道路上に延びていたという、これも変則的なスタイルだった。

　近年は廃線跡探訪がファンの人気を集めているが、草軽電気鉄道の痕跡は、今はもうあらかた姿を消し、ファンからの報告も少ない。わずかな区間で軌道跡と、橋脚の跡が残る程度となっている。二度上駅の跡も、林の中にわずかな平地が残るのみで、正確な場所の特定は難しい。

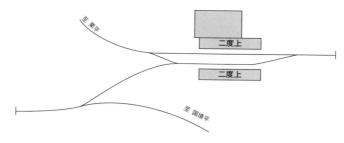

宗谷本線・北見線　南稚内駅

通過可能形

開業日：1922（大正11）年11月1日

廃止日：1952（昭和27）年11月6日

　日本最北の駅は稚内だが、稚内市の市街地は南稚内駅の周囲に広がっている。初代稚内駅もこの地に設けられ、頭端式ホームの堂々とした構えの駅が構築された。それは大正時代のことで、稚内駅は日本の最北のターミナルにふさわしい姿を整えていたのである。1928（昭和3）年に線路が稚内港駅まで延伸されると、稚内駅は中間駅となり、構造としてはスイッチバック駅となった。稚内港駅は稚泊連絡船（樺太航路）の利用客にも配慮して設けられた駅で、ここから線路はさらに桟橋近くまで延ばされた。1939（昭和14）年に稚内駅の名は南稚内駅に改められ、1952（昭和27）年11月6日には現在地に移転してスイッチバックは解消した。樺太航路は1945（昭和20）年8月に廃止された。

スイッチバック構造だった時代がある南稚内駅（撮影：本村忠之）

石北本線　常紋信号場

通過可能形

開業日：1914（大正3）年10月5日
　　　　新旭川駅起点148.0km
廃止日：2017（平成29）年3月4日

　日本中が「SLブーム」に沸いていた1970年代に、多くのファンを惹きつけた場所の一つが石北本線の常紋信号場の周辺だった。蒸気機関車は登り坂では、足取りは遅いものとなり、煙も多く吐き出すようになってより勇壮な姿に見える。いつの頃からか蒸気機関車は「人間にもっとも近い機械」と形容されるようになり、峠越えであえぐ姿には、その言葉がぴたりと当てはまっているように思われたのである。常紋信号場はスイッチバック構造を備え、平坦に敷設された線路が、こう配に弱い蒸気機関車の手助けをした。近年まで線路閉塞の境界として利用されていたが、2017（平成29）年になって正式に廃止された。

蒸気機関車撮影のメッカとなった常紋信号場（撮影：本村忠之）

夕張線登川支線　楓駅

通過可能形

開業日：1907（明治40）年5月16日
　　　　紅葉山駅起点4.5km
廃止日：1981（昭和56）年7月1日

　北海道の内陸部に展開した鉄道の多くは、石炭の搬出のために生まれた。北海道で発見された石炭の鉱脈は良質のもので、以後の増産にも期待が持てるものだった。豊富なエネルギー源を手にすることが、すなわち国力を高めるものと目されていた。楓駅は古く1907（明治40）年に貨物取扱所として開設され、2年後には一般駅に格上げされた。1916（大正5）年7月11日には楓〜登川間に敷設されていた三井鉱山専用線が国鉄に編入されて夕張線登川支線となり、この路線は楓駅の手前で分岐していたことから、楓駅はスイッチバック構造の駅となった。この初代楓駅は1967（昭和42）年1月に廃止されて、移転した。

　初代楓駅の廃止を受ける形で、初代楓駅が廃止された同月の1967（昭和42）年1月には2代目の楓駅が誕生している。第2代楓駅は単式ホーム1本のみのこじんまりとした駅だったが、本線上に設置され、これで旧来のスイッチバックが解消した。しかし、この駅も使用された年数は短く、1981（昭和56）年7月1日の登川支線の廃止に伴って姿を消したのである。同年10月1日には石勝線が開業した。南千歳駅と新得駅を結ぶこの路線は、従来の根室本線に替わるバイパスとして期待され、多くの優等列車が同線を経由して石狩地方と十勝地方を結んだ。石勝線にも楓駅が設けられ、これで楓駅の3代目となったが、利用者数は少なく、2014（平成26）年3月13日に信号場に格下げされた。

根室本線　狩勝信号場・新内信号場

通過可能形

狩勝信号場　開業日：1907(明治40)年9月8日
　　　　　　　　　滝川駅起点119.0km
　　　　　　　廃止日：1966(昭和41)年10月1日
新内信号場　開業日：1907(大正40)年9月8日
　　　　　　　　　滝川駅起点127.7km
　　　　　　　廃止日：1966(昭和41)年10月1日

　北海道を代表する山越え区間として知られるのが根室本線の狩勝峠越えだ。札幌と道東を鉄道で結ぶためには、どこかで日高・大雪山系を越えなければならない。調査の末に国が出した指針は狩勝峠を越えるルートを採ることで、1907(明治40)年には鉄道が開通し、線路は帯広に達した。峠越えの区間にはスイッチバック方式を採用した信号場として狩勝信号場、新内信号場が設置され、行き交う列車を見守った。狩勝峠を越える線路は1966(昭和41)年9月30日に新狩勝トンネルを経由するルートに切り替えられ、旧線は廃止となり、信号場も不要のものとなった。この旧線は狩勝実験線として転用され、列車脱線事故、車両火災などの実験が行われ、鉄道車両の発達に大きく寄与している。そんな狩勝実験線も1979(昭和54)年には用途廃止となって、線路も撤去されている。狩勝実験線、すなわち根室本線狩勝旧線の軌道跡は、一部が遊歩道として整備され、旧新内駅付近にも9600形蒸気機関車と20系客車が保存されるなど、鉄道遺産の整備が続けられている。一部の橋脚も、劣化が顕著ながら姿をとどめており、貴重な鉄道遺産となっている。

函館本線　東山信号場

通過可能形
開業日：1943（昭和18）年2月26日
　　　　函館駅起点40.1km
廃止日：2017（平成29）年3月4日

　函館本線駒ヶ岳駅〜森駅の間に、戦時中に開設された信号場。それまで、この区間には姫川信号場が存在するのみで、輸送のネックになっていたことから、急遽信号場が開設されたのである。この時期に軍部の意向を受けて建設された鉄道は全国に数多く、それだけ軍部が強い力を持っていたということと、鉄道という輸送機関に高い位置づけが与えられていたことが窺える。そんな東山信号場も、戦争が終結し、函館本線の別線となる砂原支線が開通すると存在価値は低下し、信号場としての役割は終了し、1949（昭和24）年8月1日には仮乗降場の扱いとなった。仮乗降場とは正式な駅ではないものの、地域住民の便宜を図って客扱いをする施設で、国鉄時代に特に北海道で多く造られた。

　1987（昭和62）年4月1日にJR北海道が発足すると、東山乗降場は旅客駅に格上げされた。発足直後のJR各社は旅客サービスの拡充を積極的に行っており、東山駅の誕生もその一つであったのかもしれない。東山駅には快速列車が停車した時代もあった。そんな東山駅も時代が2000年代を迎えると、利用客の減少が目立つようになった。多くの利用者が、乗り物を他の交通機関や、自家用車にシフトさせたのである。2017（平成29）年3月4日に東山駅は廃止になった。利用客の減少に歯止めがかからなかったのである。

東北本線　吉谷地信号場・西岳信号場・滝見信号場

通過可能形

吉谷地信号場　開業日：1944（昭和19）年10月11日
　　　　　　　　　　盛岡駅起点41.6km
　　　　　　　廃止日：1949（昭和24）年9月15日
西岳信号場　開業日：1943（昭和18）年10月1日
　　　　　　　　　　盛岡駅起点48.4km
　　　　　　　廃止日：1966（昭和41）年9月26日
滝見信号場　開業日：1944（昭和19）年11月10日
　　　　　　　　　　盛岡駅起点55.3km
　　　　　　　廃止日：1967（昭和42）年7月25日

　東北本線は岩手県の南部で十三本木峠を越える。この峠の別の呼び名は奥中山峠。鉄道ファンには、この名前の方が通りが良い。この区間には23.8‰のこう配が存在し、それは蒸気機関車の運転には一つの臨界となる数値だった。蒸気機関車の難しい運転を救済すべく、この区間には幾つもの信号場も設けられた。スイッチバックで列車が平坦な線路に入れば、機関車はそこで体制を立て直すことができる。余裕が生まれた時に投炭を続けることで、蒸気機関車の運転にもっとも重要とされる蒸気の圧力を確保することもできる。乗務員にとって、スイッチバック信号場はオアシスのような存在だったに違いない。

　奥中山の存在をファンに知らしめた存在の一つになったのが、D51形蒸気機関車三重連の存在だった。東北本線が幹線であることから、貨物列車についても一定の速度で運転されることが要求され、三重連による運転が行われたのである。3両連結されたD51形の姿は勇壮で、その姿を一目見るために、全国からファンが足を運んできたのである。そんな奥中山の三重連も、東北本線の電化完成で姿を消した。

岩泉線　押角駅

通過可能形　開業日：1944（昭和19）年7月20日
　　　　　　　　茂市駅起点15.8km
　　　　　　　廃止日：2014（平成26）年4月1日

　2014（平成26）年3月末に廃止になった岩泉線は、最晩年の時代には「日本一の秘境を走る路線」と形容されることが多かった。実際にはそこに人が住まっているからこそ鉄道が動いているわけだが、こと押角駅に関しては、秘境の駅という言い方も当てはまるのかもしれない。鉄道が健在だった時代に、駅の周囲には数軒の民家があるのみであったという。この駅が開業した時にはスイッチバック構造が採用され、それは当駅に近い岩泉線の最高点に備えるもので、島式ホーム、単式ホーム各1本と引き上げ線が設けられていた。このスイッチバックは1972（昭和47）年2月6日に廃止となり、岩泉線も2014（平成26）年に姿を消した。

　押角駅の跡地は、鉄道の廃止後、養魚場に再利用された。小さな駅であっても、鉄道用地というものは一般住宅に比べれば広大で、山間部に拓かれた平地は、転用には好都合なのである。これはスイッチバック駅ではないが、全国の赤字ローカル線のトップを切る形で廃止された白糠線の終点、北進駅の跡地は牧場に転用され、形は細長くても広い平地が役に立った格好となっている。

　一方、岩泉線の終点岩泉駅周辺は、大きな街ではないものの、地域の拠点となっている。公共交通機関はバスにシフトしたが、車の普及も地域の経済を支えているということだろう。岩泉観光センターが入居する岩泉駅駅舎も健在だ。

山田線　大志田駅・浅岸駅

通過可能形

大志田駅	開業日：1928（昭和3）年9月25日	
	盛岡駅起点19.2km	
	廃止日：2016（平成28）年3月26日	
浅岸駅	開業日：1928（昭和3）年9月25日	
	盛岡駅起点27.6km	
	廃止日：2016（平成28）年3月26日	

　山田線は盛岡と宮古を結ぶ路線で、途中で北上山地を越える。山間部には人口も少なく、建設の是非は国会の場でも論じられたというが、鉄道が開通すると列車は高い乗車率を示した。三陸沿岸に住まう人にとって、内陸部への交通の整備は悲願だったのである。山田線の大志田駅と浅岸駅にはスイッチバックが設けられ、引上線を使用しての列車交換も行われた。列車の運転本数は少なくとも、山田線は文字通り地域の足となっていたのである。しかし、大志田、浅岸の両駅とも、1982（昭和57）年には列車の交換がなくなったことからスイッチバックが廃止され、駅そのものも、2016（平成28）年に廃止となった。

北上山地を越える山田線（撮影：本村忠之）

奥羽本線　赤岩駅・板谷駅・峠駅・大沢駅

通過可能形

赤岩駅	開業日：	1910(明治43)年10月10日
		福島駅起点14.6km
	廃止日：	2021(令和3)年3月12日
板谷駅	開業日：	1889(明治22)年5月15日
		福島駅起点21.2km
峠駅	開業日：	1899(明治32)年8月1日
		福島駅起点24.5km
大沢駅	開業日：	1906(明治39)年12月25日
		福島駅起点28.8km

　福島で東北本線から分岐し、山形、秋田を経由して青森に至る奥羽本線は、1892（明治25）年6月21日に公布された鉄道敷設法によって建設が定められた。奥羽山地を越えるルートは建設に大きな困難が伴う難路であったが、工事は粛々と進められた。この路線の福島側では、福島と山形の県境に連なる板谷峠を越えなければならない。33〜38‰という急こう配を連続させ、赤岩、板谷、峠、大沢という連続する4つの駅にスイッチバックを連続させて、峠を越える鉄道は1899（明治32）年5月15日に米沢までの開通をみた。そんな峠越えの道も山形新幹線の開業によって姿を変え、スイッチバックは姿を消し、赤岩駅は廃駅となった。

峠駅のスイッチバックも用途廃止となった。

磐越西線　中山宿駅

 開業日：1898（明治31）年7月26日
郡山駅起点20.8km

　開通時は首都圏と新潟を結ぶ主要ルートだった磐越西線は、上越線の開業によって地方都市を結ぶ亜幹線という位置づけとなった。当駅にもこう配に備えるべくスイッチバックが設けられていたが、昭和30年代には線路改良が行われ、1963（昭和38）年5月22日に線形を通過不可能形から通過可能形に変更。これによって列車の到達時間の短縮が果たされている。蒸気機関車が主力であった時代には重要な設備であったスイッチバックも、車両の性能が向上した昭和30年代後半には、その存在は色あせたものとなったのである。そして、1997（平成9）年には当駅のスイッチバックそのものが廃止となるが、2015（平成27）年には旧施設を再整備し、観光施設として利用されている。

　スイッチバック時代のホームは、現在の磐越西線の列車の窓からも見えるが、実際にホームの上に立つには、中山宿駅で下車して駅前から続く集落の中を数分歩くことになる。旧駅に続く道は林の中の細い道だが、ホームは再整備を受け、美しい状態で保存されている。これは2015年の「ふくしまデスティネーションキャンペーン」に合わせて行われた事業で、駅の歴史を後世に残し、観光のスポットとする願いの込められたものであった。旧ホームには、再整備された駅名標が立つが、上屋などはなく、いかにも廃止された駅という趣もある。それでも何もかもがコンパクトに造られる駅とは違い、住民の心の拠り所となる風格が備わっているようにも見える。

足尾線　間藤駅

通過可能形　　開業日：1914(大正3)年11月1日
桐生駅起点44.1km

　今は第三セクター鉄道わたらせ渓谷鐵道の終点となっている間藤駅は、1914（大正3）年11月1日に足尾鉄道の駅として開業した。当時は中間駅で、この時の終着駅は足尾本山駅（ただし扱いは貨物列車のみ）。足尾銅山の懐とでもいうべき場所に駅が作られたのは当然のことと言えるだろう。銅山の最盛期（1916年頃とされる）には、足尾は宇都宮に次いで県内第2位となる大都市となっていたのである。開業時の間藤駅はスイッチバック構造で、貨物列車はスイッチバックをして足尾本山に向かった。1970（昭和45）年10月1日に駅は無人化され、スイッチバックも撤去。1989（平成元）年3月29日に第三セクター鉄道に転換された。

今は単式ホームのみとなった間藤駅（撮影：本村忠之）

東武伊香保軌道線
元宿駅・六本松駅・大日向診療所前駅・水沢駅

通過可能形

元宿駅	開業日：	1910（明治43）年10月16日
		高崎駅前駅起点1.9km
	廃止日：	1956（昭和31）年12月29日
六本松駅	開業日：	1910（明治43）年10月16日
		高崎駅前駅起点7.3km
	廃止日：	1956（昭和31）年12月29日

大日向診療所前駅
　　　　　開業日：1910（明治43）年10月16日
　　　　　　　　高崎駅前駅起点8.9km
　　　　　廃止日：1956（昭和31）年12月29日
水沢駅　開業日：1910（明治43）年10月16日
　　　　　　　　高崎駅前駅起点11.0km
　　廃止日：1956（昭和31）年12月29日

　東武鉄道伊香保軌道線は渋川駅を中心にして3方向に路線を伸ばしていたが、そのうちの伊香保線は、標高173mの渋川駅前駅から、標高697mの伊香保駅までを登り、途中に4か所のスイッチバック駅が設けられていた。市街地から温泉場までを走る路線に、山岳線という形容は似合わないにしても、れっきとした登山電車で、坂を下る際には、モーターを回すことなく、下り坂が生む慣性だけで車両を走らせたという。伊香保軌道線の中でも最後まで残ったのがこの伊香保線だったが、結局は昭和30年代初頭に、バスに転換されて姿を消した。今日まで残っていたのなら、例えば江ノ島電鉄と同じようなとらえ方をされて、人気の路線になっていたかもしれない。

今も伊香保温泉に車両が保存されている

草軽電気鉄道　万座温泉口駅

通過可能形

開業日：1926(大正15)年8月15日
　　　　新軽井沢駅起点44.4km
廃止日：1962(昭和37)年2月1日

　草軽電気鉄道のもう一つのスイッチバック駅。駅舎と列車交換が可能なホームは、引上線に面して作られていたが、それとは別に本線上にもホームが造られていて、当駅での交換がない列車は、そちらのホームに停車していたという。小さな駅ゆえ、このような方式でも不自由がなかったのだろうが、このあたりの鷹揚さは、いかにも昭和30年代の軽便鉄道らしい。駅名は高名な温泉場にちなんだものであったが「口」という一文字が追加されているとはいえ、なお当駅から温泉場までは13kmという距離があった。こんな魅惑の軽便鉄道も1962（昭和37）年の冬に姿を消した。

草軽電気鉄道で使用された機関車1両が軽井沢駅前に保存されている

篠ノ井線　潮沢信号場・羽尾信号場

通過可能形

潮沢信号場　開業日：1961（昭和36）年9月27日
　　　　　　　　篠ノ井駅起点34.4km
　　　　　　　廃止日：1988（昭和63）年9月10日
羽尾信号場　開業日：1966（昭和41）年3月27日
　　　　　　　　篠ノ井駅起点14.7km
　　　　　　　廃止日：2009（平成21）年3月14日

　篠ノ井線は現在の信越本線と中央本線を連絡するために、明治時代に建設が始められた路線で、1906（明治39）年6月11日に全通した。現在は松本駅と、長野駅を結ぶ路線という色合いが濃い。昭和30年代の半ばになって、この路線の輸送力を増強すべく、3つの信号場がいずれもスイッチバック方式を採用して新設された。スイッチバックの引上線を使用して列車交換が行えるようになれば、列車の運転本数を増加させることができる。しかし、桑ノ原信号場を除く2つの信号場は、後に廃止された。潮沢信号場は路線の付け替えに伴うもの、羽尾信号場は篠ノ井線の合理化のために廃止された。

かつて潮沢信号場があった篠ノ井線旧線は遊歩道として整備されている

信越本線　松井田駅・熊ノ平駅・御代田駅・関山駅

通過可能形

松井田駅	開業日：1885（明治18）年10月15日 高崎駅起点22.7km
熊ノ平駅	開業日：1893（明治26）年4月1日 高崎駅起点35.8km
御代田駅	開業日：1888（明治21）年12月1日 軽井沢駅起点13.2km
関山駅	開業日：1886（明治19）年8月15日 長野駅起点43.7km

　明治政府が日本最初の鉄道の一つとして東西両京を結ぶ路線の建設を計画した時に、当初は旧・中山道を経由することを画策した。しかし、測量を開始すると、碓氷峠越えを始めとする山岳地帯での鉄道建設が困難であることが予想され、東海道を経由することに改められた。それでも後の信越本線となるルートでの鉄道建設も放棄はされず、明治中期には、鉄道は碓氷峠を越えたのだった。そのような経緯から信越本線には古い時代に建設されたスイッチバック駅が多数存在した。これも鉄道建設にかけた人々の強い意志の証明と言えそうだ。そんな施設も昭和中期以降の輸送近代化によって姿を消した。

　碓氷峠を越える線路が開通したのは1893（明治26）年4月1日のこと。横川駅と軽井沢駅の間には18の橋梁と、26のトンネルが設けられ、66.7‰のこう配を上り下りするためにラック式鉄道が敷設され、両駅の中間地点に熊ノ平信号場が設けられた。ここでは機関車への給炭、給水が行われ、列車は一旦引上げ線に入ってから退行してホームに入線した。熊ノ平信号場は一旦旅客駅に格上げされたが、信号場に再降格され、北陸新幹線の開業によって1997（平成9）年9月30日に廃止となった。今はアプト式鉄道が敷設された旧線が遊歩道として整備され、横川駅から熊ノ平信号場跡までを歩くことができる。

熊ノ平信号場跡に残る熊ノ平変電所本屋は重要文化財に指定されている

今はえちごトキめき鉄道の路線となった関山駅付近（撮影：本村忠之）

中央本線
笹子駅・勝沼駅・韮崎駅・穴山駅・長坂駅・東塩尻信号場

通過可能形

笹子駅　　開業日：1903(明治36)年2月1日
　　　　　東京駅起点100.4km

勝沼駅　　開業日：1926(大正15)年10月14日
　　　　　東京駅起点112.5km

韮崎駅　　開業日：1903(明治36)年12月15日
　　　　　東京駅起点147.0km

穴山駅　　開業日：1913(大正2)年8月1日
　　　　　東京駅起点154.7km

長坂駅　　開業日：1918(大正7)年12月11日
　　　　　東京駅起点43.3km

東塩尻信号場　開業日：1939(昭和14)年7月1日
　　　　　東京駅起点233.1km
　　　　　廃止日：1983(昭和58)年10月12日

　東京駅を起点に真西へ延びる中央本線も、特に建設が進められた時代には、名うての山岳線として知られていた。笹子トンネルを始めとする長大なトンネルが多数掘削され、スイッチバック駅も随所に設けられた。スイッチバックの駅に停車した列車は、ここで文字通りひと息つき、体制を立て直して、次のこう配に向かったのである。そんな数々のスイッチバックも中期以降に廃止されていった。新鋭の電気機関車けん引の列車や、編成重量が軽量な新性能電車であれば、スイッチバックを使用せずとも連続するこう配を越えることができる。いくつかのスイッチバック施設は、今も遺構として残されている。

御殿場線　谷峨駅・富士岡駅・岩波駅

通過可能形

谷峨駅　　開業日：1947（昭和22）年7月15日
　　　　　国府津駅起点20.0km

富士岡駅　開業日：1911（明治44）年5月1日
　　　　　国府津駅起点40.6km

岩波駅　　開業日：1911（明治44）年5月1日
　　　　　国府津駅起点45.3km

　1934（昭和9）年12月1日に丹那トンネルが開通するまで、東海道本線は現在の御殿場線を経由して箱根の山岳地帯を越えた。東海道線建設の大きなネックとなっていたのが、いかにして箱根を越えるかで、現地に赴いた技師が、国府津から御殿場に抜ける平坦な道があるという地元の商人の言葉にヒントを得て、鉄道建設のルートが探し出された。それでも、このルートにしても25‰という、鉄道のものとしては急なこう配が連続し、御殿場線にも幾つものスイッチバック駅が設けられた。スイッチバック廃止後の駅は、築堤の形状などに往時の姿を偲ぶことができる。

岩波駅に残るスイッチバックの跡

岳南鉄道岳南線　左富士信号所・田宿信号所

通過可能形

左富士信号所	開業日：1949（昭和24）年11月18日	
	吉原駅起点1.8km	
	廃止日：1982（昭和57）年8月3日	
田宿信号所	開業日：1951（昭和26）年12月20日	
	吉原駅起点3.7km	
	廃止日：1982（昭和57）年11月15日	

　岳南鉄道にあった2つのスイッチバック式信号所は、こう配に備えて設けられたものではなく、引込線に続く線路を延長してスイッチバックの形態として、列車交換などに使用されていた。往年の岳南鉄道は紙製品運搬のための貨物列車が多数行き交い、全線の至る所で引込線、留置線が錯綜するいかにも貨物輸送を生業とする鉄道らしい姿を備えていたのである。製品輸送がトラックにシフトしてしまった今、この鉄道で貨物輸送は行われていないが、信号所が用途廃止になった後も、田宿信号所の線形はそのまま残されており、在りし日の姿を偲ぶことができる。

田宿信号場跡にはレールが残されている

北陸本線　刀根駅

開業日：1913（大正2）年4月1日
　　　　木ノ本駅起点14.9km
廃止日：1964（昭和39）年5月11日

　北陸本線の長浜駅〜敦賀港駅間は1884（明治17）年4月16日に全通した。
それは日本に鉄道が生まれてから11年半後のことで、明治政府は、屈指の良
港である敦賀港への鉄道延伸を急いだのである。北陸本線刀根駅は柳ケ瀬トン
ネルに近い25‰こう配が連続する区間にあり、当初はスイッチバック式の信
号場だったものが、周辺人口が多いことに配慮して駅に格上げされた。しかし、
急こう配の区間は輸送のネックと目され、1957（昭和32）年10月1日に
は新線への切り替えが行われ、木ノ本駅〜柳ケ瀬駅〜敦賀駅間は柳ケ瀬線へと
名称変更し、気動車の導入によってスイッチバックは不要となった。この柳ケ
瀬線も1964（昭和39）年5月11日に廃止となった。

　元々は北陸本線として建設された木ノ本駅と敦賀駅の間は、開通直後から難
所として知られるようになった。25‰の上りこう配は長く、機関車が吐き出
す煙が機関車の運転台や客車内に充満し、窒息事故が多発した。煙に巻かれた
機関助士は、最後には機関車に搭載された石炭の中に顔を突っ込んだという。
煙から逃れ、石炭の隙間に残っている空気を求めての行動だった。乗務員と乗
客を苦しめた旧線は1957（昭和32）年10月1日に新線に切替えられ、柳
ケ瀬線の跡は、その多くが道路に転用され、往時を物語る遺構は少ない。狭隘
な山間部では線路が敷けるほどの平地は貴重で、道路への転用にも好ましかっ
たのかもしれない。

北陸本線　新保駅・大桐駅・葉原信号場・山中信号場

通過可能形

新保駅	開業日：	1916(大正5)年11月1日
		米原駅起点51.8km
	廃止日：	1962(昭和37)年6月10日
大桐駅	開業日：	1908(明治41)年6月1日
		米原駅起点67.0km
	廃止日：	1962(昭和37)年6月10日
葉原信号場	開業日：	1919(大正8)年11月25日
		米原駅起点55.2km
	廃止日：	1962(昭和37)年6月10日
山中信号場	開業日：	1919(大正8)年11月25日
		米原駅起点63.7km
	廃止日：	1962(昭和37)年6月10日

　1962（昭和37）年6月10日に開通した北陸トンネルは、北陸本線の輸送力を飛躍的に高めた。このトンネルを「トンネルを抜けると雪国という形容は、この北陸トンネルにこそふさわしい」と形容した紀行文作家もいて、そのような場所でのトンネル工事は容易ではなかった。トンネルの開通によって、木ノ芽峠越えと称された旧線は廃止となり、同時に旧線で使用されていたスイッチバック施設も用途廃止となった。そのうちの幾つかの駅の跡、信号場の跡は、今も昔の姿が保存されており、随時旧線跡を歩くツアーも開催されている。山越えの道は、徒歩の旅行にも好適な美しい自然の中に延びている。自然の中に延びる廃線跡は、魅力あるプロムナードになっているが、毎日難路に挑まなければならない乗務員の心中はいかばかりだったろう。峠越えの機関車の運転には高い技量が求められ、難所を控えた機関区には腕の良い機関士が集められたという。

北陸本線旧線山中信号場跡

北陸本線旧線大桐駅跡

関西本線　中在家信号場

開業日：1928（昭和3）年4月1日
名古屋駅起点75.6km
廃止日：2019（令和元）年11月18日

　日本中が「SLブーム」に沸いていた昭和40年代。全国に数多くの「撮影名所」が存在していた。その多くは線路が峠を越える周辺だった。上りこう配で機関車が圧倒的な量の蒸気、煙を吐き出しながら走る姿がファンを惹きつけたのである。関西本線で屈指の撮影名所として知られたのが、俗に「加太越え」とも呼ばれた、中在家信号場の周辺だった。このスイッチバック式の信号場は、引上線の反対側に2本の着発線が備えられ、列車の交換、あるいは待避を可能にし、行き交う列車がさまざまなドラマを演じた。1997（平成9）年には線路配置がシンプルなものに改められ、2006（平成18）年3月には列車交換が消滅。2019（令和元）年11月に信号所が廃止となった。

　現在も中在家信号場があった跡地には、明確な痕跡があり、レールはほぼ撤去されているものの、かつての姿を偲ぶことができる。ただし、民家のない山間部にあることから、道路からのアプローチには大きな労力を要する。かつては特急列車も運転された関西本線であったが、新幹線の開通や並行する私鉄の充実などによって地位の低下が続き、近年は長大なローカル線を思わせる様相を呈している。関西本線の核心部とも言える亀山駅と加茂駅の間でその色合いが濃く、現在はワンマン運転の単行気動車によって運行が続けられている。新鋭気動車の足取りは軽く、接続ダイヤの工夫によって到達時間の短縮が実現しているが、かつての栄華を思えば、現状には寂しさも感じられる。

和歌山線　北宇智駅

開業日：1896（明治29）年10月25日
　　　　王寺駅起点31.5km

　王寺と和歌山を結ぶ和歌山線は、奈良盆地の南端近くに位置する御所駅と、紀ノ川沿いに広がる平地に設けられた五条駅の間で狭隘な山間の道を辿る。その核心部とでもいうべき場所に北宇智駅がある。開業は1896（明治29）年10月25日。私鉄・南和鉄道の手によって開設された駅で、スイッチバック構造を採用して相対式2面2線のホームが設けられた。この付近のこう配は20‰ほどで、さほど急なものではないが、列車を停車させるためには平坦な線路が必要だった。スイッチバック駅は、後年まで近畿圏では唯一のものだった。スイッチバックが不要になった2007（平成19）年3月に配線が変更され、単式ホームが本線に接する形で新設された。

　スイッチバックが廃止された後の北宇智駅は、本線に面して単式ホームが設置されるシンプルなスタイルになった。当駅での列車交換は不可能になったが、運転の取り扱いは容易になり、それは安全性の向上にも寄与する形となった。現代の各地の駅がよりシンプルな形に姿を変え続けている背景には、保安システムの進歩も寄与しているといい、デジタル機器を始めとする保安機器の進出によって、人手を省いても同等以上の安全が確保されるというスタンスに拠っている。スイッチバック時代の遺構は今も残されており、雑草が生い茂る中に錆びたレールが残されている。見ようによってはこれも味わいのある風景ではあるが、鉄道にかつてのような活気を取り戻すことが、現代の鉄道会社の第一の使命だろう。

日田彦山線　呼野駅

通過可能形
開業日：1915（大正4）年4月1日
　　　　城野駅起点12.3km
廃止日：1983（昭和58）年

　福岡県の城野駅と大分県の夜明駅を結ぶ日田彦山線は、北九州の中央部を南北に貫き、田川伊田駅、豊前川崎駅など、石炭産業が活況を呈していた時代の主要都市を連絡する亜幹線の役割を果たしてきた。呼野駅の周辺は山岳地帯とはいえないものの、駅の南方に金辺峠があり、線路も15‰を超えるこう配区間となっていたことから、スイッチバック式の駅として誕生した。スイッチバックの採用は安全運行のためには当然の方策と言えた。福岡県で唯一のものだった呼野駅のスイッチバックは、1983（昭和58）年に廃止された。全列車が気動車列車、ディーゼル機関車けん引の列車になったためであった。

　呼野駅が開業したのは1915（大正4）年4月1日。私鉄・小倉鉄道の駅としての開業で、同日には東小倉駅から上添田駅（現・添田駅）までの区間が開業している。同社は大分県日田町までの鉄道建設免許も取得し、沿線の石炭産業、セメント産業も有望視されたが、1943（昭和18）年5月1日に国によって買収されている。いわゆる戦時買収で、炭田地帯を南北に貫く鉄道は、国の目にも重要なものに映ったのだろう。しかし、戦後の筑豊は衰退の道を辿り、1969（昭和44）年10月1日には同駅での貨物の取扱いがなくなり、近隣の日本セメント（現・太平洋セメント）の専用線も廃止されている。スイッチバックが廃止された時代には、日田彦山線は、過疎地帯を走るローカル線の様相を色濃くしていたのだった。2017（平成29）年7月の水害で添田駅以南が不通となり、バス（BRT）への転換が進められているのは周知のとおりである。

長崎本線　本川内駅

 通過可能形

開業日：1943（昭和18）年10月1日
喜々津駅起点12.3km

　戦時中にスイッチバック式の信号場として開設され、戦後になって旅客駅に格上げされた駅。戦時中の日本の鉄道は、軍部の意向がストレートに反映された運営が続けられた。不要不急と判断された路線は休止となり、軍需輸送に必要と判断されれば物資が枯渇しつつある中でも、突貫での建設が続けられた。まさに鉄道も兵器だったのである。当駅の開設にもそんな色合いがあったのだろう。信号場が新設されれば、列車の増便が可能になる。スイッチバックが廃止されたのは近年のことで、旧来のこう配を緩和して、新しいホームが誕生した。現代の鉄道車両は、緩いこう配であるならば、容易に再発車できるのだった。

　スイッチバック廃止の理由は、ワンマン運転を実施するため。スイッチバック駅では運転士が反対側の運転台に向かわなければならないことから所要時間の増大が予測され、20‰のこう配を10‰に緩和して、こう配上に単式ホームを設けた。客車列車であれば、こう配上にホームを設けることには列車分離などの危険性が伴い、こう配上からの起動も難しいものになるが、短編成の気動車列車であれば、この心配はなくなる。現代のローカル列車に、1分1秒を争うような速達性が求められるのかについては議論が分かれるところかもしれないが、ポテンシャルを高めることは利用客へのアピールにもなることだろう。本川内駅のスイッチバックの廃止によって、長崎県下のスイッチバックは皆無となり、九州全島を見渡してみても、スイッチバックが残る駅は、立野駅、大畑駅、真幸駅のみとなった。

スイッチバック編

鹿児島交通枕崎線　上日置駅

開業日：1916(大正5)年7月25日
伊集院駅起点4.6km
廃止日：1984(昭和59)年3月17日

　鹿児島交通枕崎線は鹿児島県の南部、薩摩半島の西寄りを南北に走り、伊集院駅と枕崎駅を結んだ。枕崎駅では国鉄指宿枕崎線と接続し、薩摩半島を循環する鉄道が形成されていたのである。今日でこそ、長大な盲腸線の終点になってしまい、鉄道利用では鹿児島からの往復にも難儀が伴うようになってしまったが、往年の鉄道網は、現代よりも血の通ったものだった。上日置駅はこう配区間の途中に設けられた駅で、スイッチバック式に引き込まれた線路に相対式ホームが設けられていた。引上線が無かったことから、伊集院駅方面へ向かう列車は、一度本線上を行き過ぎてから、退行してホームに入線した。古き良き時代の地方鉄道のひとコマである。当駅は1971 (昭和46) 年4月1日に無人化され、同日にスイッチバックも用途廃止となった。

　路線廃止後の上日置駅跡は当然のことながら荒廃し、線路跡も草に埋もれた状態となっていたが、2014 (平成26) 年には南薩鉄道の100年記念事業として整備が行われて、往年を彷彿とさせる駅の姿が復活。その後も定期的に整備が行われている模様で、ホーム跡、給水塔跡などが残されている。スイッチバックの引上げ線も深い藪の中ではあるが、わずかながら軌道跡が残されており、位置を特定することができる。この他にも鹿児島交通の廃線跡には、加世田駅の跡に南薩鉄道記念館が建てられ、この鉄道で働いた蒸気機関車、ディーゼル機関車、気動車が保存されているほか、いくつかの駅の跡や、橋脚が残されており、貴重な史料となっている。

留萌本線・羽幌線　東留萌信号場

折り返し形　開業日：1927（昭和2）年10月25日
　　　　　　　深川駅起点48.8km
　　　　　　　廃止日：1941（昭和16）年12月9日

　留萌本線大和田駅〜留萌駅間および羽幌線留萌駅〜三泊駅間に設けられていた信号場で、留萌本線と羽幌線の分岐点となっていた。「時刻表」の地図上では留萌駅が分岐点となっているように描かれているが、実際には留萌駅の南東方に当信号場があり、羽幌線に乗り入れる列車は、留萌駅から当信号場まで1.3kmを退行し、当信号場でスイッチバックして、羽幌線に乗り入れていた。列車の速度であれば、それはわずかな距離であったろうが、冬場の視界の悪い日などは運転に注意が必要だったはずである。この特異な線形は、使用開始から14年後に、改良によって姿を消した。

　そして羽幌線も国鉄の分割・民営化、JRの発足を目前に控えた1987（昭和62）年3月30日に廃止され、かつての分岐点となっていた場所の線路はすべて撤去されている。そして留萌本線についても2023（令和5）年4月1日に石狩沼田駅と留萌駅の間が廃止されて、残る距離は深川駅と石狩沼田駅の間の14.4kmのみとなり、留萌本線は留萌に達しない本線となったのである。さらに、残された深川駅と石狩沼田駅の間についても、2026年3月末をもって廃止とすることで、JRと地元自治体の間で合意がなされている。かつては、深川駅と増毛駅の間を結んだ66.8kmの路線はすべて姿を消すことになる。

花巻電鉄軌道線・鉄道線　西花巻駅

折り返し形　開業日：1918（大正7）年1月1日
　　　　　　　中央花巻駅起点0.5km
　　　　　　廃止日：1969（昭和44）年9月1日

　花巻電鉄は花巻駅で国鉄と接続し、花巻温泉駅まで8.2km（起点は中央花巻駅）を結ぶ鉄道線と、西鉛温泉駅まで17.5km（同じく中央花巻起点）を結ぶ軌道線を有していた地方私鉄で、軌間は共に762㎜。ファンの間では軌道線で運転されていた車体幅わずか1.6mの「馬面電車」デハ1形が有名だった。西花巻駅は鉄道線と軌道線が接続する地点にあり、中央花巻駅方向から当駅に達した線路が、花巻駅と、西鉛温泉駅の2方向に分岐する形態。したがって、花巻駅～西鉛温泉駅間を走る軌道線の列車は、当駅でスイッチバックを行った。花巻電鉄は1969（昭和44）年に廃止。今もその姿を懐かしむ声は多い。

　今もファンの間で語り草となっている「馬面電車」デハ1形は5両が製作された。幅1600㎜の車内は車内の幅は1300㎜を超える程度となり、ロングシートの室内に乗客が向かい合わせに座ると、突き合わされた膝の間を通るのも困難になったほどであったが、5両の電車が廃線時まで使用されたのだから、乗客、乗務員同士が融通をつけ合っていたのだろう。当時の地方私鉄のことである。乗客はほとんどが知り合い同士であったに違いない。この「馬面電車」のうち1両、デハ3は花巻町の材木町公園で保存されている。西花巻駅の跡は、現在は花巻税務署となっている。

仙北鉄道登米線　米谷駅

開業日：1921（大正10）年10月5日
　　　　瀬峰駅起点22.6km
廃止日：1968（昭和43）年3月25日

　仙北鉄道は、宮城県の瀬峰駅で東北本線と接続し、この駅を起点として登米駅まで28.6kmの登米線と、築館駅まで12.5kmの築館線の2路線を有した。軌間は共に762mm、両路線とも非電化で、1923（大正12）年7月までに全線が開業した。米谷駅は登米線の駅で、北上川の流れのすぐ脇に折り返し形のスイッチバック駅が造られた。低いホームに面して機回し線があり、駅舎の一部は売店となって、列車を待つ乗客や地元の人が利用した。それは当時の典型的な地方私鉄の駅の姿で、駅が人々の暮らしの中で存在感を発揮していたのである。米谷駅は路線の廃止と共に姿を消したが、駅舎は移築されて民家として利用されたという。

　登米線が廃止されてすでに50年以上が経過し、軌道跡は道路に転用され、当時を物語る遺構は皆無に近い。米谷駅があった北上川に近い一画は、当時から町の中心部にあり、だからこそ、鉄道がカーブを切ってここを避けることをせず、スイッチバック構造を採用してもこの地に立ち寄ったわけだが、現在も町の姿は大きく変わることはなく、駅の跡地には商店や住宅が並んでいる。仙北鉄道が姿を消した今、この町の最寄り駅はJR気仙沼線の柳津駅であるという鉄道過疎地となっているが、公共交通機関の主役となっているのはバスであり、それ以上に住民が利用しているのは自家用車ということになる。いわば、現代日本の典型的な姿がここにもあるということになる。

外房線　大網駅

開業日：1896（明治29）年1月20日
　　　　千葉駅起点22.9km
廃止日：1972（昭和47）年5月27日

　外房線大網駅が開業したのは1896（明治29）年のことで、私鉄・房総鉄道の駅としての開業であった。この4年後には東金線が開通するが、この時は東金側から延びてきた線路が当駅で千葉駅方向と、外房線安房鴨川駅の方向に分岐する線形が採られたため、房総東線（現・外房線）を直通する列車は、当駅でスイッチバックを強いられる形になった。これはまだ、鉄道建設に関するノウハウが、今日のように蓄えていなかった時代ならではの事象なのだろうが、それでもこの当時の鉄道は、他とは比べようもない圧倒的な速度を誇っていたのである。このスイッチバックは1972（昭和47）年の駅の移転によって解消した。

　スイッチバックの解消によって不要となった旧房総東線の線路は貨物列車専用の短絡線に転用されたが、これも1996（平成8）年には用途が廃止され、線路が撤去された。なお、大網駅の東金線用のホームは、今も離れた位置に建ち、両ホームの間に駅前広場が造られているが、現在の東金線のホームの位置に、スイッチバック構造時代の大網駅があった。東金線のホームについては、運転に支障がないことから、移転することはなかったのである。高架化が行われた直度にはまだ木造駅舎が残されていたというが、もちろん今はそれもなく、近代的な姿からは、昭和40年代の駅の姿を想像するのは難しい。

外房線・内房線　千葉駅

 開業日：1894（明治27）年7月20日

廃止日：1963（昭和38）年4月28日

　千葉駅は明治時代に私鉄・総武鉄道の手によって開業した。まず開業したのが市川～佐倉間で、中間に船橋駅と千葉駅が設置され、これは千葉県で初めての鉄道となった。1896（明治29）年には私鉄・房総鉄道が千葉駅に乗り入れ、この鉄道は後の外房線となる路線だが、総武鉄道、房総鉄道とも1907（明治40）年9月1日に国鉄に編入される。この経緯から千葉駅は、佐倉駅方面から延びてきた線路が、当駅で船橋駅方面と、安房鴨川駅方面に分岐する線路形態となった。このため、東京駅から外房線方面に向かう列車はスイッチバックを強いられたのである。このスタイルは、1963（昭和38）年4月に駅が移転するまで続けられた。

　千葉駅が移転したのは東海道新幹線開業の前年のことだから、もう60年も前のこととなり、増して繁華街の中心に位置する駅のことだから、当時の痕跡を探ることはできない。現在の千葉駅は内房線・外房線方面へ向かう列車と、総武本線を銚子方面に向かう列車が2方向に分かれる形態となっており、利便性は高い。移転後も何回か繰り返されてきた駅の改良工事は、現在は一段落したように見え、橋上駅舎が設けられた広いコンコース上に飲食店などが軒を連ねる、いかにも現代のものらしい駅が出来上がっている。

東海道本線　横浜駅（現・桜木町駅）

折り返し形　開業日：1872（明治5）年10月14日（太陽暦換算）

廃止日：1915（大正4）年8月15日

　日本で初めての鉄道の駅だった現在の桜木町駅もスイッチバック駅だった時代がある。1872（明治5）年10月に横浜駅として開業した現在の桜木町駅は、行き止まり式の駅だったが、後の東海道本線となる線路が国府津まで延伸されると、新橋方面から当駅にやって来た列車は当駅でスイッチバックをして、新設された連絡線を経由して国府津方面に向かった。これには機回しや機関車の方向転換も必要となることから、短絡線を新設し、この線路に面して新たに横浜駅を開設。旧駅は駅名を桜木町に変更し、電車線の終着駅として、スイッチバックを解消した。長距離列車が出発早々にスイッチバックを行うのは、いかにも不合理だったのだろう。

　横浜駅のスイッチバックが解消したのは大正初期のことで、さすがにその時代の痕跡はない。関東大震災で町がリセットされたことも、明治の遺構を消し去る一因となった。その震災で焼失してしまった第二代横浜駅は、横浜市営地下鉄高島町駅の近くに僅かながら遺構が残されており、今も大切に保存されている。

今も保存されている第2代横浜駅の遺構

上田丸子電鉄丸子線　電鉄大屋駅

 折り返し形

開業日：1918（大正7）年11月21日
　　　　上田東駅起点5.4km
廃止日：1969（昭和44）年4月20日

　現在はしなの鉄道大屋駅が建つ場所に、1969（昭和44）年の春まで、上田丸子電鉄丸子線の大屋駅も設けられていた。駅名は電鉄大屋駅。上田丸子電鉄は上田市を中心に路線網を展開したが、その後の規模縮小によって今は上田駅と別所温泉駅を結ぶ別所線1路線のみとなり、社名も上田電鉄に改めて今に至っている。丸子線は上田東駅と丸子町駅を結ぶ11.9kmの路線で、電鉄大屋駅は、国鉄との貨物受渡しのためにスイッチバック構造を採用して誕生したものが、基本的な配線は変えないままに上田東駅への線路延伸が行われた結果、スイッチバック式配線で、電車が交換する駅となった。丸子線は1969（昭和44）年4月に廃止された。

　上田市を中心に多方面に路線を延ばし、現在は上田電鉄となった鉄道が最初に開業させた区間が大屋駅と丸子町駅の間で、丸子鉄道としての開業。動力には蒸気が使われた。その7年後には大屋駅と上田東駅の間が延伸開業し、これで大屋駅のスイッチバック構造が出来上がる。その後、上田電鉄が現在の別所線を開業させ、1943（昭和18）年10月21日に両社が合併して上田丸子電鉄が成立。最盛期には丸子線、別所線のほかに、西丸子線、青木線、真田傍陽線を運営する「大ローカル私鉄」へと発展したのである。地方にこれだけの鉄道が生まれたのは、まだ今日のような過疎化が進んでいなかったことと、車が普及していなかったことが要因で、便利さこそ現代に劣るだろうものの、暮らしやすさは、この時代と現代とではどちらが上なのか。答えが出しづらい問題ではなかろうか。

静岡鉄道駿遠線　新藤枝駅

折り返し形　開業日：1913（大正2）年11月16日
　　　　　　　　新藤枝駅起点0.0km
　　　　　　　廃止日：1970（昭和45）年7月31日

　静岡鉄道駿遠線は藤枝市にあった大手駅と、袋井市にあった新袋井駅を結んだ路線で、軌間は762mmながら、総延長64.6kmの規模を誇る大軽便鉄道だった。新藤枝駅は、国鉄藤枝駅の北にあり、時代によって規模が拡大、縮小されたというが、頭端式2面3線というこれも軽便鉄道のものとしては破格とでも言うべき規模を備えており、頭端式という構造から、当駅止まりとはならない列車は当駅でのスイッチバックが行われていた。駿遠線は最後まで残った当駅と大井川駅の間6.3kmが1970（昭和45）年8月1日に廃止され、これで全線が姿を消したのだった。

　軽便鉄道としては破格とも言える路線長を誇った駿遠線であったが、結局は自動車の普及などによる輸送需要の変化に抗うことはできず、姿を消した。戦後には好況を迎えた時期もあり、この時代に大井川に架かる橋だけでも近代化を進めていれば、駿遠線のその後の歩みも違ったものになっていたかもしれないとする研究もある。その大井川に架かる橋は、現在の国道150号線が大井川を渡る富士見橋のすぐ北側に並行する形で架けられていたという。過疎地帯の鉄道ではないだけに、廃線後は軌道跡の大部分が道路に転用され、橋梁も少なかったことから、線路跡を特定できる遺構はほとんど残っていない。新藤枝駅の跡地にはマンションが建って往年の面影は失われ、そこに住む住人でさえも、昔ここに鉄道の駅があったことに思いを馳せることは難しそうな気配だ。

遠州鉄道鉄道線　遠州馬込駅

開業日：1924（大正13）年2月1日
　　　　遠鉄浜松駅起点1.0km
廃止日：1985（昭和60）年12月1日

　遠州鉄道遠州馬込駅は、遠州鉄道のターミナル遠鉄浜松駅からわずか1kmほどの場所に設けられたスイッチバック式の駅で、島式ホーム1面2線を備えていた。遠鉄浜松駅を出た列車はすぐに同駅に到着し、狭いホーム1本のみの小さな駅で進行方向を変える。それはもちろんこう配に備えてのものではなく、自社の線路を少しでも国鉄の駅に近づけるべく採られた配線と思われ、確かにこの路線のシンボル的存在となっていた。1985（昭和60）年には線路の高架化に伴う大規模な線路変更が行われ、新たに生まれた新浜松駅は、遠州鉄道の路線が直線的に到達し、同時にスイッチバック駅の遠州馬込駅は姿を消した。

　遠州馬込駅が健在であった時代、遠州鉄道の線路はこの駅の近くで国鉄の線路と繋がっていて、この線路を経由して貨車の受け渡しが行われていた。駅の周辺には倉庫が建ち並び、この一画が流通の拠点となっていたのである。地平に設けられていた国鉄浜松駅も構内は広く、貨車も数多く留置されていた。古き良き時代の鉄道の情景である。遠州馬込駅の貨物扱いが終了すると、木造2階建ての駅舎も取り壊されて簡素なものとなり、新線への切替えにともなって、駅は廃止されたのである。駅の跡地に今はビルが林立し、線路跡は道路に転用されている。

スイッチバック編

越後交通長岡線　西長岡駅

 折り返し形

開業日：1916（大正5）年1月5日
　　　　来迎寺駅起点7.6km
廃止日：1995（平成7）年4月1日

　越後交通長岡線は来迎寺駅と寺泊駅を結ぶ39.2kmの路線で、全線が1500
Vで電化されるなど、地方私鉄ながら整ったスタイルを有していた。西長岡駅
は車両基地も併設された同線の運転の拠点。ホームは2面4線で、折り返し
方式のスイッチバックが採用されたのは、駅の背後に流れる信濃川に橋梁を
かけてさらに路線を延ばす予算がなかったためとも言われているが、地方私鉄が
架橋工事、トンネル工事の予算に事欠いたという例は枚挙にいとまがない。
1993（平成5）年3月31日には、当駅から越後関原駅までが廃止となり、
当駅が終着駅となったことからスイッチバックが不要となり、1995（平成7）
年4月1日に全線が廃止となった。

　地方の中小私鉄が相次いで廃止されていったのは昭和30年代から40年代
にかけてで、それは主に乗用車の普及によって起こされた事象であった。1時
間、あるいは数時間に1本運転される電車を利用するより、必要な時にいつで
も移動が可能になる車の利便性は高く、それは都市部よりも郊外、過疎地帯で
顕著になった。そのような中でこの鉄道が平成時代まで生き残ったのは貨物輸
送に活路が見出されたからで、この路線の旅客営業は1975（昭和50）年4
月1日に全廃されている。沿線に工場が進出したことがきっかけとなって、
越後交通は貨物輸送によって支えられた。しかしこれも徐々に下火になり、越
後交通は全線が廃止された。貨物輸送もトラック輸送にシフトしたのだった。

越後交通栃尾線　上見附駅

開業日：1915（大正4）年2月14日
　　　　悠久山駅起点15.0km
廃止日：1973（昭和48）年4月16日

　越後交通栃尾線は長岡市の悠久山駅と、栃尾市（現・長岡市）の栃尾駅を結ぶ26.5kmの路線だった。直流電化されていたが、同じ越後交通の長岡線が1500V電化、1067mm軌間であったのに対し、栃尾線は750V電化、762mm軌間で、それだけにファンから注目されるのは常に栃尾線の方だった。上見附駅は当初は一般的な形態の中間駅として計画されていたが、地元からの要望も受ける形で路線を延伸し、地形的な制約から頭端式のホームのスイッチバックの駅となった。そんな栃尾線も1973（昭和48）年には当駅から栃尾駅までが廃止となってスイッチバックが解消し、路線も1975（昭和50）年4月1日に全廃となった。

　上見附駅は当初から市街地の中心に設けられた。ここに町があるからこそ、鉄道会社も制約が生じるのを承知の上で路線を延伸したのである。陸上交通の発達が制限されていた近世まで、貨物輸送の主役にあったのは舟運で、川沿いに町が発展した例は各地に拾うことができるが、鉄道にとって、川は行方を遮る障壁となったのである。上見附駅の跡地は、鉄道が廃止された跡はバスターミナルとして長く使用された。ここが地域の交通の拠点となり続けたのである。しかし、このバスターミナルも1998（平成10）年には移転し、その跡には商店と住宅が建てられた。栃尾線の廃線跡は、その多くが道路に転用され、一部はサイクリングロードとして整備されている。

東濃鉄道駄知線　駄知駅

 折り返し形　開業日：1923（大正12）年1月22日
　　　　　　　　土岐市駅起点9.1km
　　　　　　　廃止日：1974（昭和49）年10月21日

　東濃鉄道駄知線は、岐阜県の土岐市駅と東駄知駅を結ぶ10.4kmの路線だった。陶磁器の運搬を主目的として設立された駄知鉄道を前身とし、1067mm軌間を採用して、1950（昭和25）年7月1日に全線が直流1500Vで電化されるなど、設備改良は順次進められていたが、1972（昭和47）年7月13日の豪雨によって橋梁が流失し、結局はこれが復旧されることなく、そのまま全線が廃止になった。駄知駅はスイッチバック構造で、車両基地併設。土岐市駅方面から到着した列車は、ホームで客扱いをした後、進行方向を変えて引上線に入り、再び進行方向を変えて、東駄知駅に向かった。

　駄知駅はこの路線の中核となった駅で、島式ホームのほかに、貨物列車用の留置線と、車庫も併設された。機関車を転向させるターンテーブルはなかったが、列車が推進運転を強いられるのは、上下列車とも引上げ線を使用する時のみであったから、支障とはならなかった。廃止された駄知駅の跡はバスターミナルに転用され、鉄道の車庫として使用された施設はそのままバスの車庫となり、かつて使用された線路をレールの頭部以外はコンクリートで埋めて平面にした。駄知線の廃線跡は、その多くが道路に転用された。場所によっては緩く弧を描いて延びる道路は、直線的に構成される一般的な道路とは雰囲気が異なり、ここに昔は線路があったということを明確に示している。

東濃鉄道笠原線　多治見駅

折り返し形

開業日：1937（昭和12）年6月1日
　　　　新多治見駅起点0.3km
廃止日：1958（昭和33）年

　東農鉄道笠原線は、陶磁器の運搬を主目的に設立され、1928（昭和3）年7月1日に新多治見駅〜笠原駅の間4.9kmを開業させた笠原鉄道を前身とする。笠原鉄道と駄知鉄道は1944（昭和19）年3月1日に合併して東濃鉄道となり、それぞれ駄知線、笠原線を名乗った。国鉄への連絡を、同社の新多治見駅から国鉄多治見駅への徒歩連絡によっていた笠原鉄道は、1937（昭和12）年6月1日に路線を延長して国鉄線の脇に引上線を設け、自社の列車はここでスイッチバックをして国鉄多治見駅に乗り入れる方策を採った。しかし、このユニークな運転は1958（昭和33）年に中止。笠原線は1978（昭和53）年11月1日に廃止となった。

　東濃鉄道が国鉄多治見線との連絡のために延伸したのはわずか300mであったが、路線のわずかな延伸が、駅や鉄道の位置づけをがらりと変えることは多い。近年の例では福井鉄道が、ＪＲ福井駅前に達する支線を数百メートル延伸したところ、路線のイメージが一変したという例があり、鉄道の利便性とはそういうものなのだろう。大切なのは鉄道事業者がそのことに気が付き、実行できるかである。この300mの路線の廃線跡は、今は駐車場に転用されている。距離が短いだけに、ここに昔線路があったことは解りづらい。笠原線の廃線跡は、今は道路に転用されている。遺構は少ないが、旧笠原駅付近には枕木をかたどったモニュメントが残されており、ここに線路があったことを理解できる。

西濃鉄道昼飯線　美濃大久保駅

折り返し形
開業日：1928（昭和3）年12月27日
美濃赤坂駅起点1.1km
廃止日：2006（平成18）年3月31日

　美濃赤坂駅でJRと接続し、昼飯（ひるい）駅まで1.9kmを走った西濃鉄道昼飯線。この路線は石灰石輸送を目的に建設された貨物専用線で、唯一の中間駅である美濃大久保駅がスイッチバック構造となっていた。駅構内には側線もあって石灰工業の事業所があり、積込みを実施。また終点の昼飯駅にも同様に石灰工業の事業所があって、積込みが行われていた。しかし、1983（昭和58）年9月には昼飯線が休止になって駅も用途を失い、2006（平成18）年3月31日には全線が廃止となって、美濃大久保駅は廃駅となった。かつては石灰石を積んだ貨車が行き交った駅構内は、今雑草に埋もれている。

　昭和時代まで、鉄道貨物輸送の主な品目に鉱石があった。石炭からレアメタルまで、種類はさまざまだが、大量の鉱石を他の交通機関で運ぶことは難しく（例外的なものとして、ベルトコンベアを連続させる例や、超大型のトレーラートラックを専用道に走らせるものなどがあるが）、新たな地下資源が発見され、そこに鉄道が敷設されたという事例も多い。もっとも規模の大きな輸送機関を要したのは石炭で、国の主要燃料が石油にシフトするまでは、石炭の採掘が国力を左右するとまで目された。北海道や、筑豊に濃密な鉄道ネットワークが築かれたのは採炭のためであった。そんな鉱石運搬鉄道も、ひとたび鉱山が閉山になると用途廃止となる。多くの人が住まった町も、一瞬のうちにゴーストタウンとなるのが鉱業の宿命的な構図だった。「人間が高いコストを費やして地球を空にする時代は終わった」。銅などが産出された兵庫県の明延で長く働いてきた人の言葉である。

福井鉄道南越線　岡本新駅

折り返し形　開業日：1915（大正4）年8月16日
　　　　　　　社武生駅起点9.8km
　　　　　　　廃止日：1971（昭和46）年9月1日

　福井鉄道南越線は越前市の社武生駅と鯖江市の戸ノ口駅を結んだ14.3km
の路線で、762mm軌間の非電化鉄道として開業したが、1924（大正13）年
7月に1067mm軌間への改軌、1948（昭和23）年3月に直流600Vによる
電化を行った。途中の岡本新駅は部分開業時の終点であったが、戸ノ口駅まで
の路線延伸時にスイッチバック駅となり、相対式ホーム2面3線のほかに駅
構内から延びる引込線も2本あって、貨物の搬出に役立てられていた。しかし、
1971（昭和46）年9月には栗田部駅と戸ノ口駅の間が廃止となり、当駅も
廃駅となった。南越線は1981（昭和56）年4月1日に全線が廃止となって
いる。

　岡本新駅は戸ノ口駅までの路線延伸に際してスイッチバック駅となった。戸
ノ口駅への延伸は当駅が開業してから9年後に行われており、当駅の開業時
から将来の延伸が視野に入れられていたのなら、駅の位置は（現代の新幹線の
駅のように）将来の延伸に都合の良い場所が選ばれていたのかもしれないが、
このあたりの経緯は、今日では探りづらい。南越線は、改軌、電化と、相応の
コストをかけて近代化が行われたが、結局は輸送需要の低迷に抗うことはでき
ず、1971（昭和46）年9月1日には栗田部駅と戸ノ口駅の間が部分廃止さ
れた。この区間には岡本新駅も含まれる。廃止後の岡本新駅の跡地は、現在は
地域振興の施設が建てられており、鉄道の痕跡は皆無になっている。

東海道本線　膳所駅

 折り返し形　開業日：1880(明治13)年7月15日
東京駅起点501.9km
廃止日：1889(明治22)年7月1日

　東海道本線にもスイッチバック駅があったというと、何やら奇異な印象を受けるが、これは明治時代の話。当初は馬場駅を名乗って当駅が開業したのは1880（明治13）年7月。官設鉄道が大津駅（後の浜大津駅）と大谷駅の間を開通させた時のことである。京都方面からやって来た列車は、当駅でスイッチバックをして大津駅へと向かってゆく。まだ東海道本線が全通する前のことで、大津駅と長浜駅の間は、琵琶湖上を走る汽船によって連絡されていた。琵琶湖の汽船は日本初の鉄道連絡船、膳所駅は日本初のスイッチバック駅だった。1889（明治22）年7月1日には東海道本線が全通して、膳所駅のスイッチバックも不要となった。

　そしてもう一つ、この地域に日本で初めて造られた鉄道の構築物がある。それが逢坂山隧道で、東海道本線のトンネルとして、1880（明治13）年7月15日に開通した。明治政府は京都駅と神戸駅の間の鉄道が完成した後に、線路を京都から東に延ばすことを画策したが、京都と大津の間には山地が広がり、長大なトンネルを掘削する技術がなかったことから、現在の奈良線の稲荷駅の南寄りで東に向かい、大谷駅付近にトンネルを掘って大津に向かうルートを採用した。この時に掘られたのが初代の逢坂山隧道で、延長は700mに満たないものであったが、日本で初めての山岳トンネルとなったのである。このトンネルは現在の東海道本線となる新線が1921（大正10）年8月1日に開通したことで、用途を終えた。

京阪京津線　浜大津駅

折り返し形　　開業日：1880（明治13）年7月15日
　　　　　　　　　　御陵駅起点7.5km
　　　　　　　　廃止日：1981（昭和56）年4月12日

　現在は京阪電気鉄道のびわ湖浜大津駅が建つ場所に最初に駅を設けたのは官設鉄道で、東海道本線の大津駅がこの地に建てられた。これとの接続を図り、江若鉄道、大津電車軌道、京阪京津線も駅を設け、浜大津駅は一大ジャンクションの様相を呈する。大津電車軌道は、現在の京阪石山坂本線の前身である。京阪電気鉄道が、京津線から石山坂本線への直通列車を運転していた時代には、京津線から石山坂本線石山寺方面に向かう列車は、当駅でのスイッチバックが行われていた。小さな電車がスイッチバックをして走る姿も、また一幅の絵になったのである。現在は直通運転は行われておらず、スイッチバックの運転を見ることはできない。

　今は琵琶湖観光の玄関口になっている感もある浜大津駅だが、ここにこれだけの鉄道が集中したのは、ここが琵琶湖を渡る船の港となっていたためで、琵琶湖を渡る船の中で大きな役割を果たしたのが、1882（明治15）年に開設された大津駅（現・びわ湖浜大津駅）と長浜駅を結んだ琵琶湖航路だった。日本で初めての鉄道連絡船として、東海道本線が1889（明治22）年に全通するまで、東海道を結ぶ交通機関の一翼を担ったのである。船との連絡を図るために、大津駅の建設地は、当初の予定地よりも湖寄りに移されている。国有鉄道によって建設された大津駅は、1913（大正2）年3月1日に大津電車軌道の大津駅が開業したことによって旅客営業を取りやめ、以後、浜大津駅は、ここに集結した私鉄を中心にして発展を続けることになる。

播電鉄道　播電龍野駅

 開業日：1909（明治42）年1月1日
　　　　網干港駅起点10.3km
廃止日：1934（昭和9）年12月15日

　播電鉄道は兵庫県網干町の網干港駅と新宮町（現・たつの市）の新宮町駅の間、16.9kmを結んだ鉄道で、ほかに0.2kmの支線も有していた。1435mm軌間を採用し、全線が600Vで電化されていた。全線の開業は1915（大正4）年7月21日のことで、いかにも当時設立された鉄道会社らしい先進の気風をも備えていたようだ。播電龍野駅はスイッチバック構造の駅で、これはこう配に備えたものではなく、町の中心部の行き止まりとなる場所に駅が設けられた結果だった。列車は当駅で進行方向を変えて、先に進む。播電鉄道が廃止されたのは、1934（昭和9）年12月15日。国鉄姫新線の延伸が、経営に大打撃を与えたという。

　兵庫県を走った全長17kmあまりの私鉄が姿を消したのは昭和初期のこと。これでは現在につながる研究資料が乏しいのはやむなく、線路がどこを通っていたかはほぼ特定ができているものの、遺構は皆無と言ってよい。昭和初期に線路が敷かれていた場所と思しき地図を見ると、播電鉄道の全線が見事なまでに国有鉄道の姫新線と並行していることが解り、姫路への到達が可能な姫新線に乗客が流れたというのも頷ける。日本の鉄道は、国が管轄することによって、線路が並行する路線の建設を認めない方向が順守されていたが、播電鉄道はこの限りではなく、20年足らずの短い歴史に終止符を打ったのである。旅客輸送は2軸の下回りを備える路面電車然とした小型電車で行われ、貨物として醤油の運搬も積極的に行ったことから、無蓋貨車も多数在籍していた。

尾道鉄道　諸原駅

折り返し形

開業日：1926（大正15）年4月28日
　　　　尾道駅起点 15.0km
廃止日：1957（昭和32）年2月1日

　尾道鉄道は尾道駅と市駅の間17.1kmを結んだ路線で、当初から輸送力を確保すべく1067mm軌間を採用し、やはり開業時から600Vでの電化も行った。地方私鉄の多くが、経営規模の小さな路線を想定していたのに対し、尾道鉄道の計画は壮大で、市駅からもさらに路線を延伸し、広島県府中市の上下町に達して、いわゆる陰陽連絡の一翼を担うものとされていた。しかし予算などの問題から計画は未完に終わる。諸原駅は終着の市駅の一つ手前に造られた駅で、急こう配区間にあったことからスイッチバックが採用された。1957（昭和32）年2月の尾道鉄道の部分廃止に伴い廃駅に。線路跡は道路に転用された。

　尾道は古くから海運の街として栄え、明治の私鉄山陽鉄道も駅を設けた。良港を要する多くの街と同じように、尾道も坂道が多く、海に面した狭い平地に家並みが密集したが、そのような地理的条件もこの町独自の文化を育む要因になったのだろう。近代になって、多くの文士がここに居を構えた。あるいは尾道鉄道が遠く日本海方面まで路線を延ばすことを計画したのも、独自の文化を擁する人々の強い志に根付いたものであったのかもしれない。しかし、実際の尾道鉄道は17kmの路線を建設したのみで、日本の好況が本格化した昭和30年代初頭に姿を消した。この鉄道で運転された電車はいずれも小型車で、電車が貨車を引いて走ることもあった。電車が主役の鉄道であっても、スイッチバックも必要だったのだろう。

筑肥線　東唐津駅

 折り返し形　開業日：1925(大正14)年6月15日
　　　　　　　姪浜駅起点39.3km
　　　　　　廃止日：1983(昭和58)年3月22日

　筑肥線の初代東唐津駅にもスイッチバックが設けられていた。この駅は松浦川の河口近くに造られ、元より地形は平坦な場所であるが、線路が駅の背後にある川を越えられなかったことから、線路をここでスイッチバックさせて、松浦川の右岸に沿って線路を延ばし、川の上流域にある山本駅で唐津線と接続させる方策が採られたのである。明治、大正期の土木技術が未発達だった時代には、長大なトンネルの掘削、長大な架橋が不可能で、線路はこれを避けてさまざまな場所で蛇行した。それは後に、鉄道の競争力を弱める一因になったのである。東唐津駅のスイッチバックは、駅の移転によって解消した。

　東唐津駅が新駅に移転した日は筑肥線の新線が開業した日でもあった。この日に唐津駅と姪浜駅の間が直流1500Vにより電化され、姪浜では福岡市営地下鉄と接続。筑肥線と福岡市営地下鉄の相互乗り入れ運転が開始されたのである。それまで西九州のローカル線の趣が強かった筑肥線は、新しい運転方式の開始によって博多の中心部へ直通する通勤路線の色合いを濃くした。そしてこの運転のために、筑肥線は九州の国鉄・JRで唯一の直流電化区間となったのである。筑肥線旧線姪浜駅〜博多駅間11.7kmは廃止となった。新線への切替えが行われてから40年が経過した今、筑肥線旧線の線路跡は、ほとんどが道路に転用されている。都市部の鉄道であるだけに、廃線跡の転用も急ピッチで進んだ。

熊本電気鉄道藤崎線　藤崎宮前駅

折り返し形

開業日：1911（明治44）年10月1日
　　　　北熊本駅起点2.3km
廃止日：1954（昭和29）年6月1日

　現在は藤崎線のターミナル駅として機能し、頭端式ホームを備えている藤崎宮前駅だが、この駅がスイッチバック駅として使用されていた時代もあった。当駅は1911（明治44）年11月に軌道線の駅として開業し、当初の駅名は北千反畑停留場。後に広町停留場に名を変え、1913（大正2）年8月27日には当駅と菊池線高江駅の間14.3kmが開業し、一部の列車が当駅でスイッチバックを行ったのである。しかし、1954（昭和29）年6月には、当駅で接続していた軌道線が熊本市交通局に譲渡され、当駅は終着駅の扱いとなった。これに伴い、スイッチバック機能も用途廃止となったのだった。

　スイッチバック構造の廃止以降、当駅は頭端式ホームを備えるオーソドックスなスタイルの私鉄終着駅となった。ホームは11階建てビルの1階部分に設けられており、ビルは地域のランドマークとして親しまれている。当駅と北熊本駅を結ぶ藤崎線は1911（明治44）年10月1日に菊池軌道によって開業した路線で、当時の終着駅だった池田駅は、今は上熊本駅となっている。特筆すべきは、菊池軌道が軌間に914mmゲージを採用していたことで、日本ではごく少数派となったこの規格は、アメリカではナローゲージ鉄道の標準となっており、菊池軌道の選択は決して間違いとは言えなかった。しかし、このゲージは日本では普及することはなく、菊池軌道は1923（大正12）年に軌間を1067mmに改軌している。なんだかクジ引きに外れてしまったような、歴史の皮肉である。

宮之城線　薩摩永野駅

折り返し形

開業日：1935（昭和10）年6月9日
　　　　川内駅起点47.5km
廃止日：1987（昭和62）年1月10日

　薩摩永野駅は鹿児島県薩摩郡薩摩町永野に置かれた国鉄宮之城線の駅で、1935（昭和10）年6月9日に同線の終着駅として開業。その2年後に宮之城線が延伸されて当駅は中間駅となり、同時にスイッチバック構造の駅となった。永野には金鉱を近くに控える集落があり、鉄道が立ち寄るだけの需要が見込まれたのである。ホームは島式1面2線だが、線路の奥の側にも分岐器が設けられており、機回しが可能になっていた。そんな宮之城線も国鉄再建の掛け声の中で1987（昭和62）年に廃止となった。延長66.1kmという規模を誇る宮之城線の廃止は、各方面に衝撃を与えた。

　駅の跡地にはいま永野鉄道記念館が建っている。この建物は洋風の洒落た造りで、宮之城線が健在だった時代に使用されたものではないが、館内の展示は在りし日の国鉄駅の姿を模しており、出札口、改札口が再現されているほか、駅名標なども掲げられている。屋外にはスイッチバック駅の象徴とも言える両渡りポイントが展示され、復元されたホームにも駅名標が建つ。記念館は路線バスの待合所も兼ねていると言うが、各種展示の保存状態が良好なのは嬉しいところで、保存本来の意義を踏まえた関係者の前向きな姿勢が窺える。保存車両が車掌車1両と、軌道モーターカー2両のみなのは寂しいが、これらの車両も状態は良好だ。宮之城線の現役時代を偲ぶモニュメントは、当駅の他にも宮之城駅などにも置かれ、地元の人の心の拠り所となっている。

大隅線　鹿屋駅

開業日：1915（大正4）年7月11日
　　　　志布志駅起点32.0km
廃止日：1987（昭和62）年3月14日

　九州の南端近くにあったスイッチバック駅。大隅線は鹿児島県の志布志駅と国分駅を結んだ98.3kmの路線で、国分駅で鹿児島本線から分岐し、錦江湾に沿う形で、大隅半島を南下。鹿屋駅を経由して大隅半島を横断し、日向灘沿いに志布志駅に至った。地方ローカル線ながら大隅半島の主要交通機関であったこの路線も、結局は国鉄再建を旗印として廃止された。そして国鉄も再建が果たされることなく消えていった。鹿屋駅は路線の延伸時に折り返し形のスイッチバック駅となった。この形態は、戦前の1938（昭和13）年10月10日に解消されている。現在、駅の跡地には市役所が移転し、数両の車両が静態保存されている。

　この駅の歴史も長く、開業したのは1915（大正4）年7月11日。私鉄南隅軽便鉄道の駅としての開業で、同社は762mm軌間を採用した軽便鉄道だった。南隅軽便鉄道は大隅鉄道に名称を変更した後、1935（昭和10）年6月1日に国有化される。線路が国有鉄道のスタンダードである1067mm軌間に改められたのは、1938（昭和13）年10月10日のことで、この日に駅が新駅に移転し、同時にスイッチバックが解消したのだった。国は明治末期、第二次大戦の前と戦中などに全国の私鉄を買収して国有鉄道に編入した。それは全国の鉄道を一元管理することで、輸送を円滑に行うことを目的としたもので、その背景には軍事輸送を迅速に行いたいとする軍部の考えも反映されていたと言われる。しかし、全国のローカル線は、昭和末期以降に国の判断によって大量に廃止された。鉄道はいつの時代も、政治の道具になり続けているということだろうか。

赤谷線　東赤谷駅

開業日：1941（昭和16）年4月1日
新発田駅起点18.9km
廃止日：1984（昭和59）年4月1日

　国鉄赤谷線も1980（昭和55）年に施行された「国鉄再建法」に沿う形で廃止となった路線だ。この法律では全国の非採算のローカル線を廃止とし、これによって国鉄の収支を改善させて再建するというものであったが、国鉄は1987（昭和62）年3月末日をもって消滅したのだった。赤谷線は新潟県新発田市を走る18.9kmの路線で、終着の東赤谷駅は、到着した列車が、スイッチバックで折り返してホームに進入するという珍しい構造が採用されていた。豪雪地帯を走る赤谷線は冬季の代替が難しくなる路線だったが、廃止を免れることができなかった。

　赤谷線の廃線跡は、まだ至る所に痕跡が残り、新江口駅跡、米倉駅跡などにホーム跡などが残され、旧駅の位置を容易に特定できる。また、軌道敷についてもサイクリングロードとして整備されている区間があり、荒廃を免れている。一般的な傾向として、人口の密集地帯に残れた廃線跡は転用が早く行われ、いち早く痕跡が失われるが、人口過疎地帯の廃線跡は撤去されることなく残される。廃棄された構築物であれ、撤去には費用がかかり、住民の生活に影響を与えないと判断されたなら、そのまま放置されるからだ。その代わりに、手入れがなされることもなく朽ち果ててゆく。その意味からするならば、赤谷線の後は、軌道跡がことごとく道路になってはいるものの、バランス良く、昔日の面影を留めているとも言えそうだ。東赤谷駅のスイッチバック跡も、すべて舗装道路になってしまってはいるが、線路の配置を探ることができる。

越後交通長岡線　寺泊海水浴駅

終着駅形

開業日：1915(大正4)年10月7日
　　　　来迎寺駅起点38.0km
廃止日：1966(昭和41)年5月31日

　越後交通長岡線の駅。1067mm軌間のスイッチバック駅である。元々は長岡鉄道として開業したこの路線は当初から慢性的な赤字を抱えていたが、田中角栄が社長に就任して電化を実施するなど、地域との結びつきは強かった。寺泊海水浴駅はスイッチバック駅で、今も賑わいを見せる海岸に近い。海水浴客がいまよりも遥かに多く、そこに鉄道が通っていた時代の雰囲気は、いかばかりだったろう。そんな寺泊海水浴駅も、1966（昭和41）年5月には廃止となった。路線の短縮に伴うものだった。貨物列車の運行は比較的近年まで続けられた長岡線だったが、それも1995（平成7）年3月には終了し、4月1日に全線が廃止となった。

　「海水浴場」でも、「海水浴場前」でもなく、「海水浴」というネーミングが楽しいこの駅は、日本海に面した高台の上に設けられていた。今は高齢者向けの施設が建つ丘は眼下に海を見下ろすことができ、鉄道が健在だった時代の夏の賑わいに思いを馳せることができる。比較的近年まで運転が続けられていた長岡線であっても、当駅が廃止されたのは1966（昭和41）年のことだから、もう50年以上の時間が過ぎている。駅付近に転轍器一つのみが残されていたという報告もなされているが、そこからスイッチバック駅の全貌を探るのは難しい。この路線の終点だった寺泊駅の跡も、今は駐車場、公園などに転用されており、鉄道の痕跡は失われている。

長野電鉄長野線　湯田中駅

終着駅形

開業日：1927（昭和2）年4月28日
　　　　長野駅起点33.2km
廃止日：2006（平成18）年9月1日

　長野駅と湯田中駅を結ぶ長野電鉄長野線は、信州中野駅のあたりから山岳路線の色合いが濃くなる。車窓にはリンゴ畑や、この地域のシンボルでもある高社山が姿を現し、近年はこの景観を活かす形で、車内で地産のワインを楽しめる列車も運転されるようになった。その長野線の終着となっているのが湯田中駅で、2006（平成18）年夏まで、この駅は到着した列車が最後にスイッチバックをして、電車が後退しながらホームに進入するという形態が採られていた。それは編成の増強に備えて、限られた場所で相応の長さのホームを設置するための止むを得ない方策だった。このスタイルは同年9月に、駅の改良工事が完成したことで解消した。

　湯田中駅は標高599.7mの高原にある。今は長野線を名乗る長野駅と湯田中駅を結ぶ路線は、途中の信州中野駅から湯田中駅までの間で40‰の急こう配が続く。最後のひと登りをした先に終点の湯田中駅があり、スイッチバックをすると、あとは退行してホームに進入するだけであるから、このスイッチバックはこう配緩和のために設けられたわけではないということになるが、もうこれ以上電車が坂を登ることができない狭い場所に駅を設けることができたのは、スイッチバックの配線があればこそということになる。長野電鉄が元・小田急ロマンスカー1000系を導入した際に、スイッチバックを行う際の運転台の移動が困難であったことから、スイッチバックの廃止が決められたと言われているが、駅の改良工事は、工事終了まで代行バスを運転しての大がかりなものとなった。

名鉄尾西線　木曽川港駅

開業日：1918（大正7）年5月1日
弥富駅起点34.7km
廃止日：1959（昭和34）年11月25日

　現在の一宮市にあった尾西線の貨物駅。木曽川の左岸にある現在の玉ノ井駅から先に延びた、木曽川べりにあった駅で、舟運に連絡して石材を運搬するために設けられた。線路を木曽川の堤防を越えさせるために、スイッチバック式の線路を敷設したという荒業が用いられたが、十分に実用的なものとなっていたようで、夏場にはこの線路を利用して、水浴を楽しむ観光客を乗せた臨時旅客列車も走ったという。手短な場所に出かけ、お金はかけずに休日をのんびりと過ごす、それが大正時代、あるいは昭和中期頃までの日本の庶民の暮らし方だった。1944（昭和19）年には不要不急路線に指定されて休止となり、1959（昭和34）年11月に正式に廃止となった。

　戦時中に不要不急とされた路線の痕跡は、今はほぼ失われている。0.9kmの軌道跡はすべて道路に転用されており、遺構と呼ばれるものはない。それでも史料などから線路の位置を特定することは可能で、かつて木曽川港駅が設けられていたとされる場所は今は保育園の敷地となっているが、ここに駅が存在していたことを綴った看板が建てられており、先人の足跡に敬意が払われている。駅から木曽川の河川敷まではおよそ200m。この道も、夏の間は水浴を楽しむ人で賑わったことだろう。

スイッチバック編

COLUMN　遺構は何を語る

篠ノ井線旧線潮沢信号場跡

　遺構は語る。昔、ここに鉄道があったことを。

　人々を乗せ、荷物、貨物を乗せ、時には家畜までを乗せ、街と街を結び、

　多くの人の夢を紡いだ鉄道があったことを。

　日本に鉄道が生まれておよそ150年が過ぎ、日本国有鉄道が姿を消しておよ
そ35年が過ぎた今、古き良き日の鉄道の風景は急速に失われつつある。だか
らこそ、残された情景を記録しておきたい。それが明日につながる確かな礎と
なる。

　ひとたび失われた情景は、決して元のようには戻らない。

　失った時が、決して戻って来ることがないのと同じように。

ループ線編

ループ線とは

　日本で初めてのループ線が建設されたのは肥薩線の人吉駅と矢岳駅の間で、ループの途中に大畑（おこば）駅がある。大畑駅はスイッチバック構造の駅で、つまりここでは、ループ線とスイッチバックの両方を用いて、九州南部の深い山を越えたのである。

　肥薩線は、後の鹿児島本線よりも早くに、鹿児島へのルートとして建設された路線で、ループ線の使用が開始されたのは 1909（明治 42）年 11 月 21 日のこと。通常であれば、ループ線の前後に設けられることが多いスイッチバック駅は、ここではループ線の途中に設けられることになった。他には駅を設けるのに好適な場所がないためであった。

　鉄道、特に蒸気機関車が主力だった時代は殊更にこう配に弱く、自動車であれば楽にクリアーできる上り坂であっても、鉄道が越えることは困難になることが多い。一般的に鉄道が越えることのできるこう配の斜度は 25‰程度、やむを得ない場合でも 33‰というのが一つの基準で、もちろん例外として箱根登山鉄道の 80‰のような例もありはするが、仮に 25‰の線路のそばに立ってみても、それが急な坂であると感じる人は少ないだろう。‰とは「パーミル」と読み、千分率の単位。すなわち、％の十分の一を単位とする。そのようなごく緩そうな坂であっても、鉄のレールの上を鉄の車輪で走る一般的なスタイルの鉄道では、これを不得手とする。

　この対策として考え出されたのがループ線で、線路をぐるりと回すことで距離を稼ぎ、こう配を緩和する。なんだか遊園地の乗り物のようで楽しい気がするが、運転には技量が要され、その多くは半径数百メートル単位の大きな曲線だから一望することができないことがほとんどで、途中にトンネルがあることも多いから、スリルを楽しむようなことはできず、注意深く観察していないと、

そこがループ線であることに気が付かないことがほとんどである。

　他に車両や列車を停止させることなく向きを変えるために、線路を環状に敷設する例もある。これは路面電車や、新交通システムに採用例が多い。

　日本でも路面電車、あるいは専用軌道を用いて走る電車であっても、車両は路面電車と変わらない小型のものが用いられていた明治、大正期にこの方法が積極的に採られた。現代でこそ、終点に着いた列車が帰路は編成ごと逆方向に走ってゆくのが当たり前の風景になっているが、よく見ていれば、折り返しにもそれなりの手間がかかっていることが解る。運転士は列車の反対側の運転台まで歩き、前後進スイッチの入れ換えなど必要とされる操作をして、安全を確認し、行先表示器も確認する。もしも、列車がループ線を用いて、走りながら向きを変えることができれば、このような操作は概ね省略することができ、特にヨーロッパでは、路面電車の終端部に方向転換用のループ線を設けている例が多い。これであれば、編成の片側にだけ運転台があれば良いので、車両の製作費を抑えることができ、列車の最後尾は妻面にも座席を設けることができる。必要に応じた増結も容易である。編成の両側に運転台に設ける方式とどちらが良いのかには一長一短があるが、ヨーロッパにループ線と片運転台方式が多いのは、伝統、文化の問題であるのかもしれない。

釜石線　上有住駅—陸中大橋駅

　岩手県の花巻駅と釜石駅を結ぶ釜石線は、762mm軌間の岩手軽便鉄道が建設した花巻駅～土沢駅間が1913（大正2）年10月25日に開業したことで、その歴史が始まる。岩手軽便鉄道はその後少しずつ線路を延伸させ、翌年4月18日には遠野市と釜石市の境界付近にある仙人峠を越えるべく線路を延伸させ、峠の西側、標高560mの地点に仙人峠駅が設置された。峠の東側には標高254mの地点に釜石鉱山鉄道が設置した陸中大橋駅があったが、標高差は大きく、両駅を結ぶ鉄道の建設は遅れ、旅客は徒歩で、貨物は索道によって、両駅間を連絡した。この間の鉄道は岩手軽便鉄道が国有化された後に国の手によって建設されることになり、工事は1936（昭和11）年に着工されたが、戦争の勃発によって工事が中断。ようやく線路が開通したのは、1950（昭和25）年10月10日のことであった。

　標高差のある2点を結ぶべく敷設されたループ線は南北に細長く延びるΩ（オメガ）状のもので、釜石線の下り列車に乗って右側の車窓を眺めていると、遥か下方に陸中大橋駅を見つけることができる。岩手の深い山の中に、忽然と現れるループ線は、この路線のハイライトとも呼びたくなる、魅力的な姿をしている。

陸中大橋駅の付近で、釜石線の線路は深い谷の底を走る

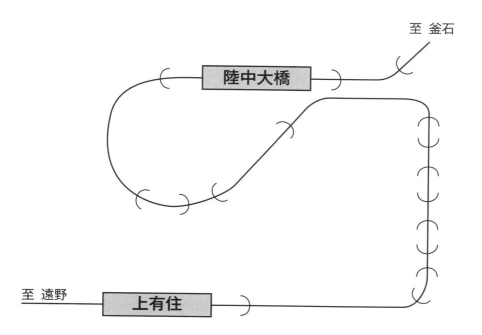

上越線　越後中里駅→土樽駅・土合駅→湯檜曽駅

　新幹線の開業でやや影の薄い存在となってしまったが、上越国境を越えるべく建設された上越線は、首都圏と新潟地方を結ぶ最短ルートとなって機能し続けてきた。線路が全通したのは国鉄の主要幹線の中では遅く1931（昭和6）年9月1日のことで、谷川岳などが居並ぶ峻険な山岳地帯への鉄道の建設が容易ではなかったことによる。

　上越線が国境を越える越後中里駅と水上駅の間には、2つのループ線がある。1つは越後中里駅と土樽駅の間にある通称「松川ループ」、もう1つが土合駅と湯檜曽駅の間にある通称「湯檜曽ループ」で、現在は両方とも上り線として使用されている。つまり、新潟県側から峠に向かう上り列車は、「松川ループ」で坂を上がり、「湯檜曽ループ」で坂を下るという図式である。上越国境を越える線路は当初から電化線として建設されたが、それでもなお2つのループ線を必要とする山岳路線となったのだった。

　今も現役の上越線のループ線は、特に湯檜曽ループは、上り列車の車窓から

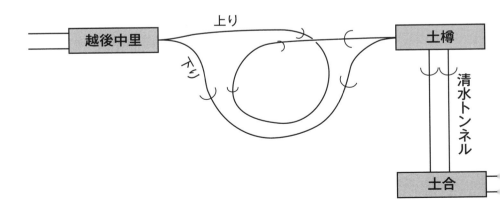

眼下の湯檜曽駅を、あるいは湯檜曽駅からは山の上にループ線の線路を見つけることができ、この路線の雄大な線形を知ることができる。

上越線のループ線。上り線に2つ設けられている。前補機を連結してループに挑む「カシオペア」（撮影：本村忠之／1999.11）

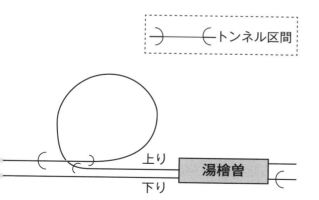

ゆりかもめ東京臨海新交通臨海線
芝浦ふ頭駅―お台場海浜公園駅

　新橋駅と豊洲駅を結ぶ新交通「ゆりかもめ」が全通したのは 2006（平成18）年 3 月 27 日のことで、今日では臨海副都心地区に不可欠の交通機関となっている。この路線は 1996（平成 8）年に臨海副都心地区で開催が予定されていた世界都市博覧会会場へのアクセスルートとするべく建設が開始されたが、博覧会の中止を公約に掲げていた青島幸男が都知事選で勝利したことから博覧会は中止され、「ゆりかもめ」も本来の建設目的を失ったのだった。それでも

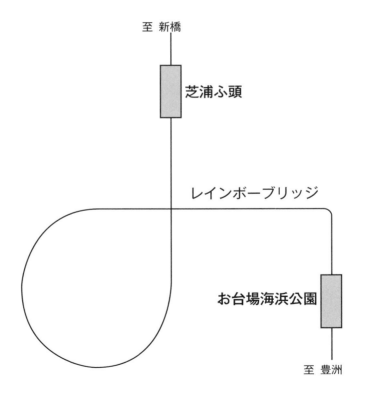

至 新橋

芝浦ふ頭

レインボーブリッジ

お台場海浜公園

至 豊洲

都心に至近という立地が評価されて、開発が徐々に進められ、インテリジェントビルがずらりと並ぶ近未来的な景観が形成されたのである。

この路線のループ線は、芝浦ふ頭駅とお台場臨海公園駅の間にあって、ループ線はレインボーブリッジの取り付きの部分に造られている。レインボーブリッジは航路を跨いでいることから桁に一定の高さが求められ、既存の埋め立て地域とは大きな標高差が生まれることになった。これを克服すべくループ線が造られ、「ゆりかもめ」のループ線は途中でトンネルに視界を遮られることのない見事なオープンループとなり、全線の中でも随一の車窓風景を楽しむことができる。

ループ線の楽しい眺めは「ゆりかもめ」のハイライトだ

北陸本線　敦賀駅→新疋田駅

　北陸本線にある通称「鳩原（はつはら）ループ」。米原駅を起点とする北陸本線は、琵琶湖畔を北上して長浜駅に至り、近江塩津駅を経由し、全長5170mの深坂トンネルで深坂峠を過ぎて滋賀県から福井県に入る。そこからは五井川に沿った狭い谷を敦賀駅へと向かうが、山間部と敦賀の町が広がる平野部の境界となる場所に鳩原ループがあり、上り線がこのループを通過する。つまり、敦賀駅を出た近江塩津方面に向かう列車が、ループ線を利用してこう配を登ってゆくという形である。このループ線は、1963（昭和38）年9月30日の北陸本線新疋田駅～敦賀駅間の複線化より使用開始されたもので、北陸本線を複線化するに際し、新たに建設する上り線をループ線として、こう配の緩和を図ったものだった。

　この地域では2つに分かれた北陸本線の上下線が、至る所で方向を変えて錯綜しており、鉄道建設時の苦難が窺える。その一方で鳩原ループについては開けた場所に建設されたことから、鉄道写真の撮影に好適なスポットが幾つも存

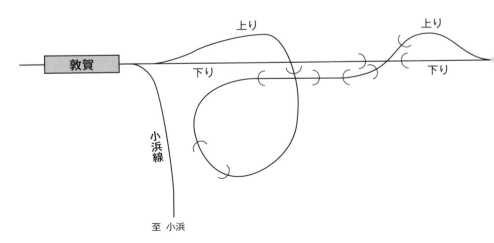

在しており、今も特急列車などの撮影をするべく多くの鉄道ファンがこの地を訪れている。現在建設が進められている北陸新幹線が全通すると、この風景も見られなくなってしまうのかもしれない。

北陸本線の鳩原ループ。撮影名所としても知られている（撮影：青柳明／1980.4.13）

新疋田　　至 近江塩津

土佐くろしお鉄道中村線　若井駅―川奥信号場―荷稲駅

　ループ線の途中に信号場（川奥信号場）がある。通称は「川奥ループ」。ルー
プ線は第三セクター鉄道土佐くろしお鉄道の若井駅と荷稲駅の間にあるが、ま
だ国鉄（日本国有鉄道＝現在の JR の前身）が健在だった 1974（昭和 49）
年 3 月 1 日に予土線が開業し、川奥信号場が予土線と中村線の分岐点となった。
中村線は 1988（昭和 63）年 4 月 1 日に第三セクター鉄道に転換され、川奥
信号場は、JR と第三セクター鉄道の分岐点となる信号場となったのである。ルー
プ線は長さ 2031 mの第一川奥トンネルの中にほぼ全線が収まった形となっ
ており、その線形を眺めることはできないが、信号場付近から下を眺めると、
谷間に延びる 2 本のレールを見つけることができる。若井駅は標高 204 m、
荷稲駅は標高 47 mの地点にあり、この標高差を克服するために中村線にルー
プ線が建設されたのである。ループの曲線半径は 350 m、こう配は 20‰で、

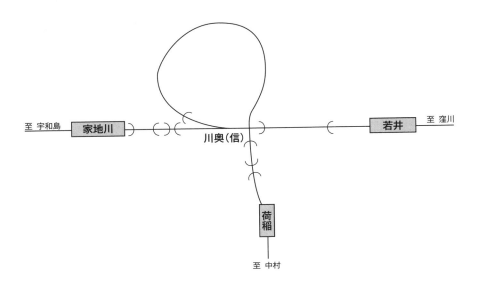

これは相当に急なもの。しかし、現代の気動車列車は、あえぎながらも、この
難所を通過している。相応の苦心が払われた末に開業した中村線も、全通から
18年後に第三セクター鉄道に転換されたのだった。

　愛媛県と高知県の間には、長い間にわたって鉄道がなく、予土線の開通は住
民の悲願でもあった。予土線が開通するまで、宇和島方から延びてきた線路の
終点は江川崎駅で、宇和島駅と江川崎駅の間35.1kmは、宇和島線を名乗る盲
腸線だったが、予土線の開通によって四国を循環する鉄道ができあがったので
ある。鉄道の過疎地帯に建設された予土線は、深い山の中を走り続けるが、車
窓にはところどころで四万十川が姿を見せ、雰囲気は明るい。この路線でトロッ
コ列車「清流しまんと号」の運転が開始されたのは1984（昭和59）年7月
のこと。貨車を改造によるトロッコ列車の運転は、予土線の名を広く知らしめ
たのである。

川奥信号場（撮影：本村忠之）

135

肥薩線　人吉駅—大畑駅—矢岳駅

　肥薩線は熊本県の八代駅と鹿児島県の隼人駅を結ぶ路線で、九州南部の内陸部を縦貫する亜幹線という位置づけだが、歴史的には鹿児島に向かう鉄道として、鹿児島本線よりも先に建設されたという経緯を持つ。それは海岸線に鉄道を建設すると有事に敵国からの攻撃の対象になりやすいとする軍部の意向と、海岸沿いの地盤が劣悪で鉄道建設に適さないという判断が働いたものとされている。肥薩線の人吉駅と隼人駅の間は九州を代表する山岳線で、建設には多大な労力と犠牲が払われたのだった。肥薩線のループは人吉駅〜大畑駅〜矢岳駅の間にある。このような書き方になるのは大畑駅がループの途中にあるからで、しかもこの駅はスイッチバック構造を有し、ループとスイッチバックの両方を有する日本で唯一の駅となっている。このループ線（通称：大畑ループ）は大畑駅から矢岳駅に向かう列車が上りこう配となり、途中にいくつかの撮影名所

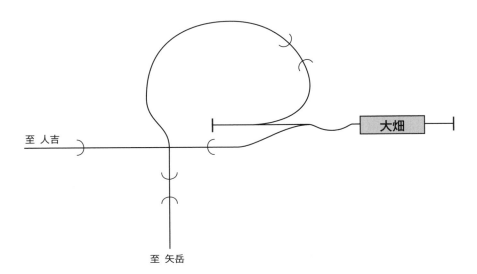

至　人吉

至　矢岳

があって、特に蒸気機関車が健在だった時代には多くのファンを引き寄せたのである。大畑駅の標高は 294 m、矢岳駅の標高は 537 mで、ループ線は半径600 m、こう配は 33.3 パーミルとなっている。肥薩線屈指の難所を越えるべく、蒸気機関車の乗務員は気合を入れて、運転に臨んだことだろう。蒸気機関車がこの山越えをするのに 1 トンもの石炭が要されたという。

　肥薩線の最高地点は、矢岳駅と真幸駅の間にある矢岳第一トンネルで、このトンネルの延長は 2096 m。完成には 2 年あまりの年月が必要とされた。トンネルが完成したことで、肥薩線は全通し、これで青森から鹿児島までの鉄道が 1 本につながったのである。

　そんな肥薩線もいま、存亡の危機に瀕している。2020（令和 2）年 7 月の豪雨で八代駅と吉松駅の間が不通となり、現在は復旧へ向けた検討が続けられているが、運転再開にはまだ長い時間が必要とされそうな気配だ。

肥薩線の最高地点に造られた矢岳第一トンネル

山万ユーカリが丘線　公園駅—中学校駅—公園駅

　こちらは新交通システムの、ループ線というよりも環状線、あるいはラケット状と形容した方がふさわしいかもしれない路線である。山万ユーカリが丘線が開通したのは1982（昭和57）年11月2日のことで、翌年9月22日に全線が開通し、環状運転が開始された。京成本線と接続するユーカリが丘駅と二つ先の駅となる公園駅の間は単線だが、公園駅以北が環状となっており、ユーカリが丘側からやって来た列車は、反時計回りに路線を一周し、ユーカリが丘駅を出発した時とは列車の向きを反対にした形でユーカリが丘駅に戻る。この

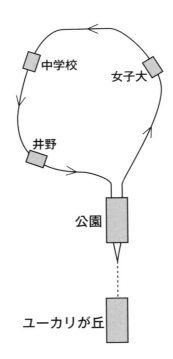

形の運転が繰り返される。路線を建設した山万は元々はニュータウン開発を手掛ける不動産会社で、全長 4.1㎞、6 駅のこの路線は、自社が開発を手掛けたニュータウン内を走る住民の足として建設された。3 両編成で運転される新交通システムの輸送力は大きなものではないが、住宅街を走る気軽に利用できる乗り物として、40 年以上変わることなく運転が続けられている。輸送需要の変動に対応が難しいと言われる新交通システムだが、ここでは大きな成功を収めたと言って良いだろう。

開業以来変わらず運転が続けられている山万ユーカリが丘線

神戸新交通ポートアイランド線
中公園駅―みなとじま駅―市民広場駅―中埠頭駅―中公園駅

　こちらも新交通システムにある環状の路線。日本で初めての新交通システムとして三宮駅〜南公園駅〜中公園駅が開業したのは1981（昭和56）年2月5日のことで、案内軌条を使用して自動運転される中量輸送を本分とする新しい交通機関の誕生は大いに注目され、運転開始直後こそ遅延が発生することもありはしたが、システムそのものが見直されることはなく今日に至っている。路線は当初から中公園駅以南が環状で建設されており、三宮を出発した列車は、中公園駅以南を反時計回りで1周して三宮駅に戻るという運転形態が採られた。開業時にはまだ新交通システムが珍しい存在であったことから、途中で下車す

三ノ宮駅から六甲山を背にして南下、市民広場にてループ線は分岐（撮影：本村忠之）

ることなく三宮駅に戻ってくる体験乗車的な乗車をする乗客もいたという。ポートアイランド線は、2006（平成18）年2月2日に市民広場駅～神戸空港駅間が延伸開業し、これで神戸新交通の運転は三宮駅と神戸空港駅の間を往復する系統と合わせて2系統となり、中公園駅～市民広場駅間は複線となった。三宮駅を出発した列車が人工島ポートアイランド内を1周して戻ってくる運転方式も、開業以来変わることなく続けられており、鉄道の環状運転の利便性の高さが立証された形となっている。

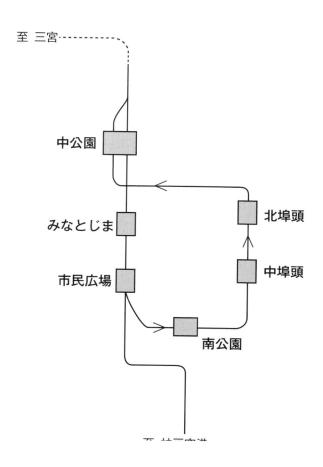

至 三宮

中公園

みなとじま

市民広場

南公園

北埠頭

中埠頭

至 神戸空港

埼玉新都市交通伊奈線　大宮駅

　こちらもまた新交通システムの路線に組み込まれたループ線だが、このループ区間に乗車することはできない。大宮駅に到着した列車が向きを変えるために1周するループ線で、列車は降車ホームで乗客を降ろした後、ループ線を1周して乗車ホームに到着する。終着駅の到着した列車を、ループ線を1周させて向きを変えて乗車ホームに到着させる方式は、今でもヨーロッパなどで路面電車によく採用されている手法で、これであれば、編成の先頭部のみに運転台があればよく、編成の最後尾に運転台は不要ということになり、編成あたりの車両の製作費用を抑えることができ、保守の手間の軽減、ひいては車両の信頼性の向上につなげることもできる。編成の最後尾に連結される車両も運転台を設ける必要がないから、端面にも座席を設けることができ、編成定員を増加させることも可能になる。一方で終着駅などに編成の向きを変えるループ線を敷設するだけのスペースが必要になるため、都市部を走る鉄道ではコストが高くなる可能性もある。編成の両端に運転台を設ける方式と、どちらが有利なのかは一概に言えない部分もあるが、日本でももっと積極的に採用されて良い方式であることは間違いがない。

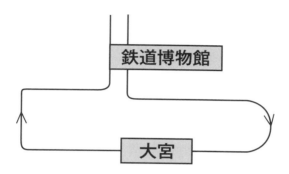

埼玉新交通の列車は大宮駅のループ線で編成ごと向きを変える（撮影：本村忠之）

山野線　久木野駅—薩摩布計駅

　1988（昭和63）年2月1日に廃止されたJR九州山野線にもループ線があった。久木野駅と薩摩布計駅の間にあった通称「大川ループ」がそれで、元々は鉱山開発のために軽便線として建設されたというこの路線は、熊本県の水俣駅と鹿児島県の栗野駅を結ぶ路線に計画が改められて、両側から建設工事を続行。1937（昭和12）年12月12日に全通している。この時最後まで残されていたのが熊本と鹿児島の県境となる区間で、それは久木野駅と薩摩布計駅間であった。山越えをする多くの路線がそうであるように、この山野線も県境となる山間部が、工事の最難関となったのである。そしてここにループ線が建設された。久木野駅側からが上りとなり、曲線半径は最急160m。33‰こう配を連続させて標高差90mを克服した。大川ループは肥薩線の大畑ループに続いて、全国2番目のループ線となったのである。そんな山野線もJR九州の発足後に廃止された。延長55.7kmの路線の廃止は話題となったが、代替のバスが運行を開始し、現在に至っている。

　山野線が廃止されたのはJR発足翌年のこと。それからもう35年の月日が流れている。それでも山野線の廃線跡は比較的明瞭に残っている。それはこの路線が人が密集する地域を通っていなかったことがいちばん大きな理由なのだろうが、運のようなものもあるのかもしれない。廃車となった鉄道車両が、解体されることなく保存され、後世にその姿を伝えることにも似た運。もっとも、廃止となってしまった鉄道について、運、不運も論じるのも、味気ない話ではある。この路線のハイライトとも言える「大川ループ」も、荒れ地とはなりつつあるが、弧を描く築堤が残っている。廃止となったトンネルを通過することはできないが、ところどころに残る駅跡にも、今もなお手入れが行き届いているものがある。

桃花台新交通桃花台線　小牧駅・桃花台東駅

　2006（平成18）年10月1日に廃止となった新交通システム桃花台新交通桃花台線にも、路線の両端の駅に、列車の向きを変えるためのループ線が備わっていた。それぞれの駅に到着した列車はこの軌道を利用して向きを変えて折り返すわけだが、この方式が採られたことによって、各駅の構造を共通にしておけば編成の片側のみに客用側扉があればよいことになり、これも定員増、列車の製作費用の低減化への寄与が見込めた。あくまでも車両と駅の両方について設計を進めなければならないから、歴史のある路線では採用ができないが、特に都市交通の新しい形態として期待ができる方式と言えるだろう。もっとも、桃花台新交通はすでに廃止となり、それは慢性的な利用者数の不足が主な理由とされているが、なんとも惜しまれる事象となってしまった。人口の減少が顕著になった現代においては、鉄道においても自動運転が早急に実用化を求められる課題となっており、現在はその研究が各鉄道事業者において進められている段階である。今後は実車を用いての実証実験が繰り返されることになり、運行の省力化、コスト抑制が期待できるループ線を用いての運転も、再び様々な路線で採用が検討される可能性は高い。

　桃花台新交通が廃止されて17年が経過し、構築物の一部は撤去され、車両基地の跡は更地にされているが、高架で造られた軌道、駅などを完全に撤去するにはまだ相応の時間が必要と言われている。不要な構築物であるが、高架上の軌道は市民の生活の支障となる部分は少なく、しかし撤去にも費用がかかるためである。明治、大正時代の鉄道であれば、レールを撤去して、軌道跡を更地にすれば事が済むが、コンクリート製の構造物で構成された現代の鉄道の、扱いの難しさが露呈した事象となった。

京浜電気鉄道大森支線　大森停車場前駅

　今は日本を代表する大手私鉄となった京浜急行にも、列車を折り返させるためのループ線が用いられていた時代があった。もっともそれは遠い昔、明治時代のことである。現在の京浜急行電鉄の前身である京浜電気鉄道が六郷橋駅と大森停車場前駅の間 7.2㎞を開業させたのは 1901（明治 34）年 2 月 1 日のことで、将来の品川方面への延伸を睨みながら、暫定的な処置として官設鉄道との連絡を図って、官設鉄道大森駅の前に自社の駅を設置したのである。現在の東急大井町線が官設鉄道の連絡を図って建設されたように、この時代の官設鉄道の輸送力は圧倒的なものと目されていたのである。まだ、当時の京浜電気鉄道は、社名こそ創業時の大師電気鉄道から変更されていたものの、車両は路面電車然とした小型のもので、大森停車場前駅に列車折り返しのためのループ線が設けられたのである。京浜電気鉄道は 1904（明治 37）年 5 月 8 日に八幡駅（現・大森海岸駅）から品川駅（現・北品川駅）までを延伸させて八幡駅〜大森停車場前駅間は大森支線となり、品川駅からの直通電車が運転されたこともありはしたものの、1937（昭和 12）年 3 月 8 日に大森支線 0.7㎞が廃止となった。

　大森支線が廃止になった理由は道路の拡幅のためと言われる。もっとも、それは昭和初期のことで、まだ車が普及する時代のことではなく、都市再開発計画の立案は、京浜急行にとっても渡りに船であったのかもしれない。いずれにしても、時代が昭和に入って以降の京浜急行は、車両の大型化と高速運転の実施を積極的に進め、都市間連絡鉄道の姿を明確にしていったのである。

京急大師線　大師駅（現 川崎大師駅）

　現在の京浜急行のルーツとなる大師電気鉄道が開業したのは、1899（明治32）年1月21日のことで、川崎駅（後の六郷橋駅）と大師駅（現・川崎大師駅）の間2.0kmがその最初の開業区間となった。距離は短いものであったが、日本で3番目の、関東では初めての電気鉄道の開業である。創業時に新製された電車は5両とされ、いずれも路面電車然としたスタイルの4輪単車であった。線路は大師新道と称する桜並木の堤防の上に敷設され、途中に2か所の停留所と、2か所の列車交換施設が設けられた。そして、列車の向きを変えるために川崎駅前と、大師駅前にループ線が設けられ、川崎駅前のループの内側に車庫が設置されている。創業時の大師電気鉄道が導入した車両は小型ではあっても両運転台付きのものであったから、ループ線を用いずとも方向転換は容易であったはずだが、ループ線を用いれば運転台のない付随車を増結することも容易で、それよりもまず海外の事例に倣ってのループ線の採用であったのかもしれない。この大師線のループ線も、車両の大型化に伴って姿を消しており、やはりこの方式は小型電車向きのものであったようだ。

大師参りの善男善女で賑わう川崎大師駅。京浜急行発祥の地だ

京急穴守線　穴守駅

レ
ー
プ
線
編

　京浜急行電鉄が、現在の空港線の前身となる穴守線を開業させたのは 1902
（明治 35）年 6 月 28 日のことだった。この路線は穴守稲荷への参拝客輸送
を主眼にして建設されたもので、明治期の人々にとって、寺社仏閣への参拝は、
日々の生活の中で大切な宗教的行事であると同時に、リクリエーションでもあっ
たのである。京浜急行が穴守線の建設を計画したのは、先に開業した現在の大
師線が順調な営業成績を示していたからでもあるのだろう。穴守線の終点は何
度も場所が変わっているが初代の終点、穴守駅は現在の天空橋駅の東およそ
200 mの場所に設けられた。そして、ここに列車折り返し用のループ線が設
置されている。当時の大師電気鉄道が川崎駅と大師駅の間 2.0㎞を開業させた
のが、1899（明治 32）年 1 月であったことを思えば、その後の動きは早く、
当時の鉄道会社の俊敏さが窺える。明治期の鉄道業は時代の先端をゆくビジネ
スだったのである。そんな穴守線のループ線も車両の大型化によって不要とな
り、穴守線の終点は適地を求めて、場所が二転三転した。現在の空港線が、支
線というよりも京浜急行を代表する幹線の位置づけで、さまざまな列車が運転
されているのは周知のとおりである。

近代的な街が出現した天空橋駅周
辺。かつてこの近くにループ線が
あった

京都市電　京都駅前電停

　日本で初めて電車を用いた営業運転を行ったのは後の京都市電となる京都電気鉄道で、1895（明治28）年2月1日に東洞院塩小路～伏見下油掛通間6.7kmを開業させた。それまでの馬車鉄道に代わるこの近代的な乗り物は、運転にも保守にも手間がかからず、全国の都市には路面を走る電車が建設されることになる。京都市内にも路面電車のネットワークが構築され、それは昭和後期まで使用が続けられた。京都市電が全廃となったのは、1978（昭和53）年10月1日のことである。そんな京都市電にも折り返しに使用するためのループ線があり、それは京都駅前に1927（昭和2）年に造られた。京都駅前に到着した電車は安全地帯で乗客を降ろした後にループ線に入る。時計回りで走るループ線の途中にも安全地帯が設置され、そこで乗客を乗せた電車はループ線を出て、各方面に向かうという恰好で、現代のバスターミナルでも見られるような、合理的な運転方法だったようである。旧式の路面電車は折り返しの際に集電装置の向きを変える必要もあったから、そのまま走り続けることができるループ線は重宝だった。そんな京都市電のループ線も、駅前の再開発に伴って、1952（昭和27）年に姿を消した。

　大都市を走った路面電車は、昭和時代に続々と廃止されていったが、その中で比較的近年まで残されていたのがこの京都市電で、京都の街の碁盤の目のように整理された形が路面電車の運転に好都合だったのか、どこかおっとりとした京都の人たちの気風が路面電車にマッチしたのか、理由はさまざまであろうが、ここでは路面電車の存在を車の通行の妨げと見なす人は少なかったのかもしれない。思えば日本で初めて電車が走ったのも京都の街であったから、その歴史は長いものだった。京都の街から路面電車は姿を消したが、今は犬山市の博物館明治村に京都市電として運転された「狭軌1形」が動態保存され、来訪者を運ぶ足として運転されている。

東京都電青山線　宮益坂上―渋谷駅前間

　こちらは東京都電に存在したループ線。とは言っても単にその場で車両の向きだけを変えるためのものではなく、ターミナル付近の線路を環状にすることによって、営業運転を続けながら、列車の向きを変えるという方式である。つまり、今日の新交通システムなどで積極的に採用されているものと同じ方式であるが、利用者数が小さな路線であれば、この方式は合理的なのだろう。渋谷駅の西口と東口の両方に設けられていた都電の停留所が東口に集約されたのは1957（昭和32）年のことで、東急東横線のホームを見上げる駅前広場に都電が発着するターミナルが誕生した。金王坂を下ってきた青山線の電車は、渋谷駅前で乗客の乗降を済ませると、宮益坂を上がってゆく。坂の上で線路が合流し、電車は先ほど走ってきた道を、今度は青山方向に走るという具合である。この方式であれば、ループ専用の広場は不要になるが、循環線を設置する道路の条件が求められることになる。狭い谷の底にある渋谷駅前は、各方向から道路が集まっていたので、この方式を採ることができたのである。青山線は後の6・9・10系統となる路線で、渋谷駅前と三宅坂などの間を結んだが、1968（昭和43）年9月29日に廃止となった。

　都電青山線の渋谷での折り返し運転は、複数の通りを使ったものであったから、ループ線と言うよりも環状運転のイメージに近いものであったかもしれない。路面電車の環状運転の例は数多く、広義で鉄道の仲間とされるトロリーバスにおいても、横浜市などで環状運転が行われていた。横浜駅前を出発した横浜市営のトロリーバスは洪福寺、和田町、三ツ沢上町、三ツ沢下町などを経由して横浜駅前に戻る。折り返しの施設が不要なのだから経済的で、事実、廃止されたとはいえ営業成績は良好だった。盲腸線式の運転を行っていたのが、一夜にして環状線に変わったのが札幌市電。400ｍの延伸で利便性は飛躍的に向上した。

阪急箕面線　箕面駅（設置時は箕面有馬電気軌道）

　現在は阪急電鉄箕面線の終点となっている箕面駅にも、かつて列車の向きを変えるためのループ線が存在していた。駅が開業したのは1910（明治43）年3月10日のことで、当時の名称は箕面有馬電気軌道箕面公園駅。今日でも変わらない自然環境にも恵まれた高級住宅地という環境は、この時代から育まれていたということになる。現在は阪急電鉄という大手私鉄に発展したこの鉄道も、明治期にはまだ路面電車然とした小型電車での運転を行っており、終点では集電用ポールの向きの変更が必要とされた。この作業は乗務員が地平からロープを使用して操作するのだが、外れやすいポールの付け替えには相応の手間もかかり、雨や風の日には苦労もあったことだろう。だからこそ、ループ線を建設してでも、この手間を省略したのである。そして同様の他の施設と同じく、このループ線も車両の大型化、あるいは集電装置のパンタグラフへの変更などによって不要となり、大正時代には姿を消した。それと時を同じくするかのようにして、箕面有馬電気軌道は大電鉄への歩みを始める。昭和初期には電車の鋼体化による大型化が進み、折り返し用のループ線は遺物となった。

立山黒部貫光立山トンネルトロリーバス

　ここで紹介するのはトロリーバスのループ線。架線から電力を取り入れ、車体に搭載したモーターを回して走るトロリーバスは法規上は鉄道の仲間とされている。かつての日本には、いくつもの都市でトロリーバスが運転されていた。しかし、化石燃料で動くバスと比較すると、トロリーバスには運転方式に大きな制約が伴う。それはもちろん、架線の下しか走れないことにあり、短い距離であれば自車に搭載したバッテリーでの走行が可能ではあるものの、本分はあくまでも架線の下を走るところにある。その制約が大きなものであったことから、結局はすたれてしまった日本のトロリーバスだが、今でも唯一、富山県の室堂駅と大観峰駅の間で立山黒部貫光のトロリーバスが運転されている。そして、この路線は両端にループ線が造られ、車両はここで向きを変えて折り返す。この路線は全区間がトンネルの中にあり、また周辺も国立公園内であることから、環境保護のために排気ガスの発生しないトロリーバスの運転が続けられてきた。ループ線は半径の小さなものであるが、鉄道車両に比べれば小回りが利くバスにとっては、有効な方法と言えるだろう。

　そんな立山黒部貫光のトロリーバスも2024（令和6）年12月1日の廃止がアナウンスされており、この計画が予定どおり進行されれば、日本国内からトロリーバスが姿を消すことになる。

全線がトンネルの中を走る立山黒部貫光のトロリーバス

関西電力関電トンネルトロリーバス

　もう一つ、トロリーバスのループ線を採り上げよう。こちらは長野県の扇沢駅と、富山県の黒部ダム駅の間を結んだ関西電力関電トロリーバスのもので、この路線は立山黒部貫光のトロリーバスと同様に、長野県の扇沢駅と富山県の立山駅を結ぶ「立山黒部アルペンルート」の一部に組み込まれて、運行が続けられてきた。

　この路線も長野側のターミナルである扇沢駅の乗降場付近を除くほぼ全線がトンネルの中となり、環境に配慮してトロリーバスが運転されてきた。

　トロリーバスは鉄道に分類される交通機関であることから、運行方法についても鉄道のものに準拠しており、関電トロリーバスではトンネル内に設けられた交換設備で交換を行う。夏の多客期には何台ものバスが続行の形で運転され、最後尾を走る車両には標識が取り付けられる。トンネル内での何台ものバスの行き違いは壮観なものだった。

　立山黒部アルペンルートは、トロリーバス、ケーブルカー、ロープウェイ、バスを乗り継いで標高 2500 mに近い高山帯を横断するルートで、日本でもここにしかない情景を眺めることができる。そのルートに組み込まれたトロリーバスは、屋根から2本の集電用ポールが付き出した独特のスタイルで、乗客を楽しませたのである。しかし、このバスも車体の老朽化などから廃止となった。

扇沢駅に停車中のトロリーバス

乗車ルポ3 ループ線の中の駅
肥薩線大畑

前人未踏の地に敷設された鹿児島への鉄道

　日本で初めて作られたループ線
は、今も九州南部の山の中に健在
である。肥薩線人吉駅〜大畑駅〜
矢岳駅の中にある通称大畑ループ
がそれで、半径600mのカーブ
と、33‰のこう配で、大畑駅と矢
岳駅の標高差243mを克服する。
矢岳駅は標高537mの地点にあり、

ポイントを渡り大畑駅に進入する肥薩線の列車

これは九州の駅の中で最も高いものだ。

　熊本県の八代駅と、鹿児島県の隼人駅を結ぶ肥薩線は、途中の人吉駅を境界
として、車窓の風景をがらりと変える。八代駅と人吉駅間の別の呼び名は「川

駅の構内には建設工事の犠牲者弔う慰霊塔が建つ

線」。線路は球磨川
の流れに沿って延
び、至る所で車窓に
球磨川が現れる。「日
本三急流」に数えら
れる球磨川だが、列
車の窓から眺める球
磨川の流れは悠々と
し、流域の豊から風
土に思いを馳せるこ
とができる。

154

　一方、人吉駅と吉松駅の間の別の呼び名は「山線」。人吉から線路は九州南部の深い山に分け入り、スイッチバックとループ線を駆使して、線路は山を越える。この路線が鹿児島に向かう鉄道として真っ先に建設されたことは別項でも述べた通りだが、明治期の稚拙とも言える土木技術での鉄道建設に大きな苦難が伴ったことは想像に難くない。今も大畑駅の構内には工事の犠牲者を弔う石碑が建ち、行き交う列車を見守っている。この深い山の中への鉄道の建設は、国による至上命令であったわけだが、鉄道を開通させる最後の鍵となったのは、建設に賭ける技術者の情熱であったことも想像に難くない。技術者というものは、最後まで逃げることをしない人たちだという。肥薩線の線路が大畑を越え、吉松駅に達し、鹿児島線の名で建設が進められた門司駅と鹿児島駅を結ぶ鉄道が全通したのは、1909（明治42）年11月21日のことであった。

　肥薩線の最大の難所となったのは、言うまでもなく人吉駅と吉松駅の間で、資材運搬のためのトロッコが建設された場所もあったが、それもできない狭い場所には牛、馬と人の手を用いて運ぶしかなかったという。大畑駅はループの途中に建設され、これはループの前後に駅を設けるのに適した土地がなかったためであるが、大畑駅の場所にしても平地があったというわけではなく、土を削り、およそ1万坪という土地を平らにならすことで得られた場所だった。機関車の給水に用いる水も大河間川からの水路を開墾して、これを引いた。いわば建設作業の何もかもが、人力によって一から行われたのである。今も大畑駅の周辺に住まう人は少ないが、鉄道建設時の歴史を振り返ってみ

大畑駅に残る給水塔跡

ると、それも当然のことのように思える。

昔日の駅の面影をそのまま残す大畑駅

日本全国の鉄道で、共通の性格となっているのが、採算性の低い路線ほど、沿線と車窓の風景は美しい、というものがある。鉄道という交通機関の果たすべき役割に思いを馳せるとこれは何とも皮肉なことだが、人が少ない土地には大自然が残される傾向が強いのだから、致し方ないことなのかもしれない。肥薩線も同様で、殊に大畑駅と矢岳駅の間の通称矢岳越えは、北海道の狩勝峠越え、篠ノ井線の姥捨駅と共に「日本三大車窓」に数えられている。JR九州がクルージングトレイン「ななつ星 in 九州」の運転を始めた時も、贅の限りを尽くしたこの列車は、九州南部で肥薩線を通過し、それは夜間のことであったが、山越えの鉄道の旅を提供したのである。

この中核にある大畑駅は、1986（昭和61）年11月1日から無人駅となり、今は貴重な存在となりつつある木造駅舎も、観光列車がこの駅を通過するわず

典型的な国鉄の木造駅舎が残されている

名刺が駅舎内の壁を埋めている

かな時間を除いては森閑としている。駅構内には、遠い昔に使われた給水塔の跡が残り、ローカル線のものにしては長く堂々としたホームにも、旅行者を導く看板の類はない。蒸気機関車が運転されていた時代に、当駅での峠越えの機関車への給水は必須だったはずで、だからこそ水路を拓いてまでの給水施設の整備だったわけだが、その先人の苦心も今は無用となってしまった。それを「水の泡」と形容してしまうのは、あまりにも辛辣だが。

実はいま、といっても多くの人が知るところではあるが、肥薩線は2020（令和2）年7月に発生した水害の影響で、八代駅と吉松駅の間がなおも不通のままとなっている。被害が軽微だった区間だけでも運転を開始したいところだが、

ホーム上にも昔ながらの設備が残る

構内踏切も今や貴重な存在だ

鉄道という交通機関は、単に線路を敷けば復旧するというわけではなく、路盤や通信施設といったインフラを総体的に整備しなければならないから、ハードルは低くなく、復旧の見込みはまだ立てられていない。

　鉄道を巡る日本の社会の姿を見回すと、このままの廃線も止む無しということになってしまいそうな気配だが、大畑駅は古き良き日の鉄道の駅の姿がそのまま残されている。思えば、ループ線とスイッチバックの両方を備えた駅は、日本ではこの大畑駅のみで、もう一度、列車に乗ってこの駅を訪れ、途中下車をしてゆっくりと時間を過ごせたのなら、どれほど素晴らしいことだろう。それは鉄道が本来的に備えている、他の交通機関では決して味わうことができない大きな魅力であるはずだ。それが失われてしまうのは、あまりにも惜しい。

旅行者を歓迎する標識。
これは新しそう

Profile

池口英司（いけぐち・えいじ）

1956（昭和31）年東京都生まれ。鉄道ライター、カメラマン。日本大学藝術学部卒業後、出版社勤務を経て独立。著書に、旅鉄ガイド『鉄道ミュージアムガイド』、おとなの鉄学『盲腸線データブック』（天夢人）などがあるほか、鉄道雑誌、経済誌などに寄稿多数。YouTuberとしての活動も開始した。

主要参考文献

『日本国有鉄道百年史』（日本国有鉄道）

『鐵道用語辞典』（大阪鐵道局）

『鉄道用語事典』（グランプリ出版）

『東北ライン　全線・全駅・全配線』（講談社）

『中部ライン　全線・全駅・全配線』（講談社）

『四国・九州ライン　全線・全駅・全配線』（講談社）

『JR時刻表』各号（交通新聞社）

月刊『鉄道ファン』各号（交友社）

配線図.net（きたまと）https://www.haisenryakuzu.net/

編　集	揚野市子（「旅と鉄道」編集部）
装　丁	栗八商店
本文デザイン	マジカル・アイランド
校　正	吉谷友尋
図版作成	ジェオ
協　力	本村忠之　青柳 明、きたまと（配線図.net）

おとなの鉄学008

全国スイッチバック＆ループ線 データブック

2024年2月21日　初版第1刷発行

著　者	池口英司
発行人	山手章弘
発　行	株式会社天夢人
	〒101-0051　東京都千代田区神田神保町1-105
	https://www.temjin-g.co.jp/
発　売	株式会社山と溪谷社
	〒101-0051　東京都千代田区神田神保町1-105
印刷・製本	株式会社シナノパブリッシングプレス

●内容に関するお問合せ先
「旅と鉄道」編集部　info@temjin-g.co.jp　電話03-6837-4680
●乱丁・落丁に関するお問合せ先
山と溪谷社カスタマーセンター　service@yamakei.co.jp
●書店・取次様からのご注文先
山と溪谷社受注センター　電話048-458-3455　FAX048-421-0513
●書店・取次様からのご注文以外のお問合せ先
eigyo@yamakei.co.jp